W9-CIN-825

Desaprender la violencia

Un nuevo desafío educativo

Alejandro Castro Santander

Desaprender la violencia

Un nuevo desafío educativo

Castro Santander, Alejandro
    Desaprender la violencia. – 2ª ed. – Buenos Aires : Bonum, 2005.
    144 p. ; 22x15 cm.

    ISBN 950-507-680-0

    1.Violencia Escolar I.Título
    CDD 371.872

Director del Departamento de Educación: Dr. Julio César Labaké

Primera edición: febrero 2004
Segunda edición: junio 2005

Diagramación: Panorama

© 2004, Copyright por Editorial Bonum
Av. Corrientes 6687 - C 1427 BPE
Buenos Aires - Argentina
Telefax: 4554-1414
e-mail: ventas@editorialbonum.com.ar
www.editorialbonum.com.ar

Queda hecho el depósito que marca la ley 11.723
Todos los derechos reservados

Impreso en Argentina
Es industria argentina

ISBN 950-507-680-0

A mi esposa Cristina, por educarnos en la tolerancia y la reconciliación.

A quienes se ocupan por hacer más feliz la vida de los demás.

Prólogo

Si hay temas que hoy nos interesan profundamente, sin la menor duda, el de la violencia ocupa un lugar central. Este libro viene en el momento exacto a llenar una necesidad apremiante.

Y buen anuncio de lo que presenta da quien comienza su obra con una dedicatoria como la que inscribe el Lic. Alejandro Castro Santander en la primera página de su libro: *A mi esposa Cristina, por educarnos en la tolerancia y la reconciliación.*

Uno percibe inmediatamente que hay vida real en lo que le ofrecen para leer. Vida real y una exquisita sensibilidad humana: no un academicismo frío y lejano de lo que nos abruma día a día.

"Desaprender la violencia" es un libro sólido, muy bien construido, y junto con eso un libro cálido, transido de amor por la vida.

También orienta sobre lo que se ha de encontrar la cita de Gandhi que hace al iniciar su Introducción, que cierra con aquellas palabras que vale recordar: *...Pero el hombre privado de trascendencia, sólo queda facultado para gritar.*

Muy oportuna reflexión cuando se está comenzando la tarea de escribir sobre "Desaprender la violencia". ¡Qué profunda trama avizora el autor al entrar en el tema!

Alejandro Castro Santander es un auténtico educador. Licenciado en Psicopedagogía, ha recorrido una extensa e importante trayectoria en instituciones reconocidas en su medio habitual, la ciudad de Mendoza. Y, evidentemente, ha sabido educar educándose, enseñar aprendiendo, razones por las cuales nos ofrece una obra que merece ampliamente ser leída con agradecimiento.

Y su planteo es verdaderamente innovador y valioso.

Él mismo se define así: *Este libro fue escrito con la certeza de que a partir del fracaso que han sufrido los métodos de control y represión, debemos continuar defendiendo la idea de que la violencia es una conducta aprendida, que puede no solamente prevenirse sino también ser desaprendida.*

Esa violencia captada con toda la crudeza que uno reclama en quien ha de enseñarnos algo sobre su tratamiento. Esa violencia que, como cita el autor, hace exclamar a Sófocles en "Antígona": *...cosas terribles, muchas hay, pero ninguna más terrible que el Hombre.*

Por eso el libro, redactado con un lenguaje claro que acompaña al lector en su lectura, lejos de esos estilos nebulosos que sólo ocultan la falta de profundidad, se inicia con un capítulo que plantea "Los rostros de la violencia", donde no queda ningún aspecto sin ser tratado con la suficiente seriedad, desde los elementos constitutivos y definitorios, hasta los factores que la desencadenan en este mundo globalizado, y la dimensión de la responsabilidad del Estado y de los educadores todos en su origen y desaprendizaje. Es valiosa la mención que hace de la influencia de los medios audiovisuales, del narcotráfico, la pobreza, etc.

Bien presentado el tema, aparece el segundo capítulo dedicado a "La violencia en la escuela", en el que analiza todos los aspectos que la caracterizan y todos los actores que necesitan replantearse, y cómo, sus roles, desde la familia, los docentes, la institución en su estructura generadora o no de matrices que contribuyan a educar para la convivencia y la paz. Y dentro de este contenido aparecen no sólo las definiciones conceptualmente ricas, sino las sugerencias operativas concretas y viables.

Con todo este material que uno ha elaborado serenamente al ritmo del autor, surge la "Prevención de la violencia", como contenido del tercer capítulo. Capítulo que se conjuga hábilmente con el de cierre, que no podía ser otro que el destinado, en forma de conclusión, a retomar lo escrito y proponer la tarea de "Desaprender la violencia". Pero nada en abstracto ni a través de la expresión de buenos deseos, sino a través de contenidos de peso y de caminos operativos practicables.

Cuando se concluye su lectura se tiene la agradable sensación de haber dedicado útil y placenteramente el tiempo que ha demandado. Tiempo que se hace justo, equilibrado, no sólo por el ritmo lineal de la exposición, sino también por la prudencia de la extensión total.

El Lic. Alejandro Castro Santander muestra una madurez que le da todo el crédito a su obra. Es, en realidad, la obra la que habla de él para todos quienes aún no lo conocían. Y esperamos que esta entrega sea continuada por otras que se puedan exhibir con la solvencia con que se presenta "Desaprender la violencia".

No puedo cerrar este breve prólogo sin agradecerle al autor la cordial deferencia que ha tenido al pedirme que escribiera estas páginas para encabezar su obra.

Julio César Labaké

Palabras del autor

Desaprender no es una palabra que estemos acostumbrados a usar. La leí por primera vez en un texto de Anna Bastida de la Universidad de Barcelona con el título: "Los conflictos bélicos. Educar para desaprender la guerra". La utilizó sólo en el título, pero inmediatamente me había adueñado de ella. Sucedió que alcanzaba una solución a la preocupación que me producía hablar solamente de prevención de la violencia en la escuela. En la familia era otra cosa: "¡Prevengamos que en el futuro nuestro hijo sea violento!" Sí, es válido, porque esos padres encausarían desde los primeros años los instintos, las pasiones. Pero en la escuela todavía faltaba algo, porque el alumno ya venía con su carga de violencia y prevenirla sonaba más a únicamente controlarla, a evitar que se manifestara, pero... ahí estaba todavía, agazapada, esperando. Entraba con el alumno, con el docente, con el padre que venía a reclamar. Esperaba una oportunidad, un descuido, un malentendido...

Buscando su significado encontré "olvidar lo aprendido". No sé si es lo que pretendo. Creo que deseo que exprese: "dejar de responder con violencia porque he aprendido a hacerlo de otras formas que ya no dañan", pero no olvidar el daño que produce, porque podría volver a aprenderla. Las formas y colores con que hoy la presentan, dan ganas de apropiársela. Ser violento parece estar de moda.

No podemos resolver todos los problemas de la sociedad, pero somos dueños de nuestro corazón. Desaprender la violencia para aprender a estar con el otro: dialogar con él, escucharlo, ponerse a su servicio. Desaprender para aprender a convivir en paz, esto es lo que quiero expresar.

Alejandro Castro Santander

Introducción

Hay tres espacios vitales en el cosmos:
el mar, donde nadan los peces que no hablan;
la tierra, donde viven los animales que gritan;
el cielo, donde vuelan las aves que cantan.

El hombre participa de esos tres espacios:
de la profundidad del mar, del peso de la tierra,
de la inmensidad del cielo.

Y le pertenecen el callar, gritar y cantar.

Pero el hombre privado de trascendencia,
sólo queda facultado para gritar.

M. Gandhi
(1869-1948)

En estos últimos años la seguridad en las ciudades y, como extensión social, en las escuelas, está en el debate público. La prensa destaca los hechos más violentos, denunciando el incremento de la violencia y la inseguridad. Las investigaciones de opinión pública realizadas periódicamente en países de todas las regiones del mundo, indican que el sentimiento colectivo de miedo e inseguridad aumenta sin diferencias sociales. Los especialistas, a los que se les ofrece poco espacio en los medios, intentan precisar conceptos y mejorar la medición del fenómeno. Afirman que el aumento de la violencia, en todas sus expresiones, es el principal catalizador de esa sensación de inseguridad que vivimos todos.

Hoy, no podemos desconocer los evidentes cambios sociales que hemos sufrido, pero debemos preguntarnos acerca de cuánto de esta percepción social, que nos habla de un alarmante incremento de la violencia, se debe al conocimiento más claro de los derechos ciudadanos y a una menor tolerancia a todo tipo de violencia, y cuánto le corresponde al sensacionalismo de los medios con su lógica mercantilista. En el caso de la escuela, investigadores como Díaz-Aguado señalan que la violencia entre escolares no ha aumentado significativamente, lo que sí lo ha hecho ha sido la sensibilidad y condena manifiesta hacia ella. Violencia ha existido siempre, con distintas formas, con expresiones culturales particulares. Quizá lo que sucede es que hoy se comienzan a cuestionar ciertas manifestaciones, que antes ni siquiera se consideraban como violentas.

Cifras que avergüenzan

La violencia asume distintas formas al estar asociada a patrones culturales. En octubre de 2002, la OMS publicó el "Informe mundial sobre la violencia y la salud", primer informe de este tipo en que se trata el tema de la violencia como problema mundial de salud pública. Aunque las cifras que aparecen en él ponen de manifiesto la gravedad que reviste, muchos actos de violencia no se conocen públicamente y no hay constancia de ellos.

En nuestra región el panorama es oscuro, ya que alrededor de 300.000 personas, la mayoría hombres jóvenes, mueren cada año en nuestro continente por homicidios, suicidios y accidentes de tráfico. Distintos estudios muestran que, cada año, entre el 30 y el 75 por ciento de las mujeres en la región son sometidas a violencia física por parte de su pareja y la violencia contra los niños prevalece.

Junto a las heridas, las muertes, los profundos problemas de salud mental, las enfermedades sexualmente transmisibles, los embarazos no deseados y los problemas de comportamiento (desórdenes del sueño o del apetito), la violencia no sólo es un problema de salud pública, sino la expresión más vergonzosa de los límites de "la aceptación del otro junto a uno". En la familia, en la escuela, en el ámbito de trabajo, en la calle, en cualquier lugar que se esté "con otros", la violencia no es sólo un fenómeno social, una endemia, un problema de gobiernos o un fruto podrido de la posmodernidad, sino el acto relacional de un ser humano sobre otro u otros que causa sufrimiento y muerte.

Escuela violenta en una sociedad violenta

Por más altos que sean sus muros, como dice Guillermo Covarrubias (2000), la violencia de nuestras calles, de nuestras casas, de nuestros diarios y televisores, termina por traspasar los patios y las aulas de nuestras escuelas. La violencia no es nueva, ni aislada, sino que es parte de la estructura de nuestra convivencia social y ha llegado a convertirse según el Programa de Naciones Unidas para el Desarrollo (PNUD 1999) en *el problema más importante del ser humano para el siglo XXI*. Los medios de comunicación reflejan cada vez con más frecuencia situaciones de violencia en nuestras escuelas. Estos hechos suelen adquirir, en muchas ocasiones, expresiones dramáticas: docentes agredidos por sus alumnos o por los padres de éstos, crueldad en las relaciones entre los propios alumnos, acoso sexual... En una primera apreciación tenemos que decir que es cierto que ocurren estas cosas. Lo que sucede es que muchos quieren ver en estos acontecimientos la punta del iceberg de una situación general dramática.

La aproximación a los estudios existentes sobre estos temas, en cuanto a problemas de auténtica violencia escolar, nos permite considerar los hechos relatados en los medios de comunicación como reales, pero no frecuentes, sino esporádicos en nuestras aulas. Otra cosa son los problemas de convivencia y disciplina que, efectivamente, existen y angustian a los docentes y a los alumnos. Sobre estos problemas de convivencia y disciplina trataremos en este libro.

La deuda de la alfabetización emocional

Hasta fines de los años ochenta, la mayoría de las corrientes teóricas que abordaban el tema de la violencia, si bien no coincidían sobre sus causas y sus posibles consecuencias, desde cierto punto de vista compartían implícitamente el supuesto de que la violencia en las sociedades contemporáneas era un lastre de las relaciones tradicionales o premodernas.

Hoy aceptamos que los fenómenos de violencia sean considerados como un indicador más del marcado agotamiento de un orden social moderno sin valores, sin proyecto humano. La violencia se constituye así en una de las preocupaciones principales en la agenda de todos los gobiernos, de las organizaciones internacionales, de las iglesias, de las ciencias sociales y de los ciudadanos comunes, por supuesto que por diferentes motivos.

Está claro que la escuela no podrá resolver esta crisis sino comprendiendo mejor las necesidades de los niños, que son también las de los docentes, de las familias y de la sociedad, y subordinando la idea de rendimiento a las de desarrollo y formación humanos. Esto no implica mutilar los distintos espacios curriculares, sino hacerlos atractivos y profundos, lo que invita a ir más allá de una concepción pasiva o reductora del aprendizaje y a reconocer como inseparables la instrucción y la educación. No sólo instruir, sino guiar, asistir, orientar. Generalmente, muy formados en una de ellas –la instrucción o la educación– muchos de los docentes reconocen estar poco formados en la otra. Mientras tanto la sociedad, nuestros alumnos, siguen esperando una educación de calidad con calidez humana que sirva para entender y mejorar este mundo.

Desaprender la conducta violenta

El niño, penetrado de los valores transmitidos por su medio, se introduce en la escuela con su sociabilidad, rivalidad y modos de resolver dificultades ya iniciados en la familia. Así, el niño o el adolescente entra a la escuela con toda su carga de violencia aprendida; es en este sentido que hablar de prevenir la violencia en la escuela, nos suena muchas veces a "atajar la violencia" que poseen. ¿Pero nuestra escuela debe resignarse sólo a controlarla, para poder así desarrollar su propuesta pedagógica?

Este libro fue escrito con la certeza de que, a partir del fracaso que han sufrido los métodos de control y represión, debemos continuar defendiendo la idea de que la violencia es una conducta aprendida, que puede no solamente prevenirse sino también ser desaprendida. Teniendo la convicción de que la violencia no debe ser sólo un problema a padecer y denunciar, sino un desafío a enfrentar en comunión de esfuerzos y con la esperanza de contribuir a que el hombre se encuentre y reconcilie con el hombre, porque el ser humano completo está en la persona capaz de comunión. No atender hoy a este desafío, nos hará responsables del tipo de hombre que resultará de nuestra negligencia.

> *Las aulas son, a veces, el único lugar del barrio donde se conserva una vida común y donde se reflejan situaciones de emergencia o violencia. Es riesgoso que la educación ignore las transformaciones sociales* (Tzvetan Todorov, 2000).

Capítulo I
Los rostros de la violencia

PRIORIDAD DE LA VIOLENCIA

El estado de paz es de especial importancia en cualquier sociedad. Si una sociedad se mueve más hacia la violencia que hacia la paz, eso significa pérdida de vidas humanas, pérdidas materiales, costos económicos, imposibilidad de construir un orden político y degradación de los valores de convivencia e integración social.

La violencia social, en América Latina, ha sido considerada uno de los principales obstáculos para alcanzar una mejor calidad de vida. Se observa actualmente un desgaste de la ciudadanía; los habitantes asumen mecanismos de autodefensa con independencia de las instituciones encargadas de la seguridad pública. Junto con ello se ha señalado la presencia de nuevos comportamientos sociales como el aislamiento, la desconfianza y el individualismo.

Los hechos violentos se expresan según el territorio, el tiempo, la sociedad, el género y la cultura. Conocer el rostro de la violencia y de sus factores desencadenantes, es necesario para diseñar políticas interesadas en disminuir la violencia y reconstruir la convivencia.

A pesar de la importancia creciente de la violencia, aún es poco e inexacto lo que se sabe respecto de su ocurrencia, causalidad y de las prácticas exitosas para prevenirla. Hace falta información confiable y oportuna en los niveles político-administrativos que permita tomar decisiones.

> *Cada año, más de 1,6 millones de personas en todo el mundo pierden la vida violentamente. La violencia es una de las principales causas de muerte en la población de edad comprendida entre los 15 y los 44 años y la responsable del 14% de las defunciones en la población masculina y del 7% en la femenina* (Informe Mundial sobre violencia y Salud. OMS, 2002).

Para poder sistematizar el estudio de este fenómeno y enfrentarlo con seriedad, cualquiera sea el ámbito que lo padezca y especialmente en nuestro caso, el contexto escolar, debemos conocer su extensión y ponernos de acuerdo sobre a qué nos referimos cuando hablamos de violencia y sobre sus distintas formas.

ACUERDO DE CONCEPTOS

Violencia es un término que se utiliza para significar una gran variedad de situaciones, y por esta razón se generan confusiones y diversas argumentaciones. Es así que la violencia puede ser mirada desde la perspectiva de diferentes profesiones y con intereses distintos. Las ciencias sociales y del comportamiento miran la violencia desde el ángulo del agresor, y su motivación fundamental se orienta a buscar los factores que llevaron a cometer el acto violento. Las ciencias jurídicas y penales se orientan a estudiar la naturaleza del hecho y la forma de sancionarlo. Las ciencias de la salud, hasta hace poco tiempo, se habían limitado a atender a las víctimas de la violencia, sin preocuparse mucho por la prevención. Cada una de estas perspectivas posee una terminología propia y es, a veces, fuente de confusión (Guerrero R., 1998).

Definición de violencia

> *... cosas terribles, muchas hay, pero ninguna más terrible que el Hombre...* ("Antígona" de Sófocles)

Recordamos con Galtung que la *paz* se define en términos de ausencia de violencia. La definición y también la construcción de la paz implican, entonces, un movimiento en sentido contrario a cualquier tipo de violencia. Esta primera aproximación nos ayuda a delimitar el ámbito de aquellos objetos abarcados por el concepto de paz, trasladándose la dificultad hacia qué es lo que se entiende por violencia.

Hemos utilizado para nuestro trabajo la definición de violencia que presenta la Organización Mundial de la Salud:

> *El uso deliberado de la fuerza física o el poder, ya sea en grado de amenaza o efectivo, contra uno mismo, otra persona o un grupo o comunidad, que cause o tenga muchas probabilidades de causar lesiones, muerte, daños psicológicos, trastornos del desarrollo o privaciones* (Informe Mundial sobre violencia y Salud. OMS, 2002).

La definición de la OMS comprende tanto la violencia interpersonal como el comportamiento suicida y los conflictos armados, y se distinguen tres componentes básicos:

a) la intencionalidad en el uso de la fuerza o del poder;
b) la generación de un daño y;
c) el fin perseguido, en el que subyace el ejercicio de alguna forma de poder, bien sea a nivel del hogar, escolar, público o de grupo.

La violencia es la expresión de una relación en la que el conflicto que la precede, sea familiar, interpersonal, social o político, no se resolvió y el o los actores optan por la agresión. Nos interesa en este trabajo abordar la violencia social y dentro de ella la escolar, o sea, la que rompe la convivencia y la tolerancia por la diferencia.

Conflicto

La violencia es un monumento sobre un conflicto que no se ha sabido resolver (Galtung).

Existe la tendencia a confundir y a considerar como sinónimos las palabras conflicto y violencia. Así, toda expresión de violencia se considera un conflicto, mientras que la ausencia de violencia se considera una situación sin conflicto e incluso de paz. Sin embargo, una situación se define como conflicto no por su apariencia externa, sino por su contenido, por sus causas profundas.

No toda disputa o discrepancia implica un conflicto. Se trata de las típicas situaciones de la vida cotidiana en las que, aunque hay contraposición entre las partes, no hay intereses o necesidades opuestas. Su solución tendrá que ver con establecer niveles de relación y canales de comunicación efectivos que nos permitan llegar a consensos y compromisos.

Mientras la violencia no es innata en los seres humanos sino que es un aprendizaje, más que eliminar el conflicto, de lo que se trata es de encararlo creativa y constructivamente de forma no violenta, ya que es una energía y una oportunidad para el cambio.

Agresividad

Para la Diccionario de la Lengua Española, este vocablo constituye la "acción y efecto de agredir", entendiéndose este verbo como *acometer a alguno para matarle, herirle o hacerle cualquier daño.*
En general se la utiliza como sinónimo de violencia, ya que hablamos de agresividad cuando provocamos daño a una persona u objeto. La agresividad sería, para algunos autores, una conducta instintiva o aprendida, que existe por un mecanismo psicológico que, una vez estimulado, suscita sentimientos de enojo y cambios físicos.
Por ser este uno de los conceptos en el que hemos encontrado mayores diferencias, optamos por seguir el expresado por la Enciclopedia Iberoamericana de Psiquiatría que afirma que *la agresividad es una condición ínsita de la materia viva.* Este concepto implica que la agresividad es una cualidad vital imprescindible para la supervivencia de los seres vivos, esto es, una condición de adaptación al medio que *no conlleva necesariamente destrucción ni violencia,* y que en determinadas circunstancias (convivencia comunitaria) supone más bien un perfil de características defensivas.

Agresividad y violencia

Existe, entonces, cierto consenso en definir la violencia como *el uso o amenaza de uso de la violencia física o psicológica, con intención de hacer daño de manera recurrente y como una forma de resolver conflictos.* La violencia tiene relación con la agresividad pero no equivale sólo a una agresión, ya que debe ser recurrente y ser parte de un proceso. También debemos tener presentes aquellos actos agresivos que no son violentos, como por ejemplo omitir una acción de ayuda para perjudicar a otro. A su vez, la agresión tiene una base psicológica en la frustración, pero para que ésta lleve a actos agresivos tiene que combinarse con ciertas características, como bloquear la obtención de un objetivo ya anticipado, provocar ira por su arbitrariedad o afectar a individuos que han aprendido a responder agresivamente.

CLASIFICACIÓN DE LA VIOLENCIA

Es necesario clasificar las diversas formas de expresión de la violencia con el propósito de definir niveles de intervención. Algunos la clasifican según los actores involucrados (juvenil –barras bravas, pandillas–, de género, infantil), o según el lugar donde se desarrolla (en la calle, hogar, escuela, lugares públicos), o según el ámbito al que se refiera (público, privado) o según las motivaciones (sociales, emocionales, económicas, políticas o autoinfligidas).

UNICEF clasifica la violencia

- **Según su naturaleza;** la violencia se puede clasificar en física, psicológica y sexual.
- **Según la persona** que sufre la violencia, puede agruparse en: violencia contra los niños, las mujeres, los ancianos, etc.
- **Según el motivo,** en violencia social, política, racial, etc.
- **Según el lugar donde ocurre,** en doméstica, en la escuela, en el trabajo, en las calles, etc. (UNICEF, 1997).

La violencia se puede definir también por los **efectos que causa sobre su receptor** y se clasifica de manera cruzada en personal o institucional y en física o psicológica.

TIPOS DE VIOLENCIA SEGÚN EL RECEPTOR

RECEPTOR/TIPOS	FÍSICA	PSICOLÓGICA
PERSONAL	Asaltos Violación Homicidios	Paternalismo Acoso Difamación
INSTITUCIONAL	Disturbios Terrorismo de Estado Guerra	Esclavitud Racismo Sexismo

(Fuente: Garver, 1968; citado por Litke, 1992)

Aprendiendo a ser violento

El ser humano de hoy no es más o menos violento que el que vivió en el principio de la humanidad. Sólo que han cambiado algunos de sus métodos, y la preocupación sobre esta forma de comportamiento ha crecido tanto, que se han evidenciado nuevas formas de violencia que antes eran soslayadas.

La violencia de la que estamos hablando no tiene nada que ver con la estructura sicológica, la conciencia, la subjetividad, la estructura biológica y la tendencia natural, decía el Dr. Amalio Blanco, psicólogo social español, durante el 29° Congreso Interamericano de Psicología realizado en el mes de julio del 2003 en Perú, *...la violencia se aprende, sí, como se aprende cualquier otro tipo de comportamiento, como se aprende a leer y se aprende a escribir.*

Comparados con los animales, sin garras ni colmillos y poca destreza física, estamos mal dotados para matar, pero en cambio, *somos el matador por excelencia* (Sanmartín, 2000), ya que matamos con armas, que es un producto de la cultura.

> *Podemos decir entonces que la violencia es una realidad histórica, una realidad ontológicamente humana y una actividad socio-culturalmente aprendida.*

Violencia en los medios

Lamentablemente, los datos de la crónica periodística sobre violencia escolar muestran año tras año hechos donde alumnos manifiestan conductas violentas como medio para dirimir conflictos. En este contexto, la escuela actual vive y sufre situaciones de agresividad que son por lo general reflejo de conductas socialmente difundidas. El hecho es que el niño ingresa al ciclo escolar, habiendo llegado a ver *3.000 horas de televisión,* de una televisión cuyos contenidos son en gran parte violentos, distribuidos en noticieros, dibujos animados, novelas y películas, de una televisión que le transmite valores opuestos a los valores que intenta transmitir la escuela.

El impacto de la violencia en los medios sobre la ansiedad también ha sido analizado. La frecuente descripción del mundo como amenazador y peligroso, lleva a actitudes más temerosas y cautelosas frente al entorno real. Tan pronto como la gente ya está atemorizada o no tiene experiencias contrarias, desarrolla una visión ansiosa frente al mundo y tiene dificultades para distinguir entre realidad y ficción.

La mayoría de los estudios muestran que la relación entre la violencia de los medios de comunicación y la violencia "real" es interactiva. *Los medios pueden contribuir a una cultura agresiva:* las personas que ya son agresivas usan los medios como una confirmación adicional de sus creencias y actitudes, las que –a su vez– se ven reforzadas a través del contenido de los medios.

NUEVE RASGOS CONTEXTUALES QUE PUEDEN HACER QUE UN CONTENIDO VIOLENTO SEA MÁS O MENOS PELIGROSO (sintetizado de Donnerstein)

1. **La naturaleza del agresor:** más atención e imitación de los modelos percibidos como atractivos.
2. **La naturaleza de la víctima:** más impacto cuando la víctima es más agradable o atractiva.
3. **Justificación de la violencia:** defensa propia o protección de un ser querido.
4. **Presencia de armas:** inducción a más violencia.
5. **Extensión y carácter gráfico de la violencia:** muestras amplias y reiteradas provocan más violencia.
6. **Grado de realismo:** dibujos/personajes, lo que parece irreal a un espectador adulto puede parecer completamente real a un niño.
7. **Recompensa o castigo de violencia:** premiar la violencia o no castigarla abiertamente.
8. **Consecuencias de la violencia:** considera más perjudiciales escenas en las que se ve el fruto de la acción.
9. **Humor como compañero de la violencia.**

En síntesis, podemos encontrar tres grandes efectos negativos de la influencia de los medios de comunicación de masas en la conducta violenta:

- **Efectos sobre la agresión:**
- Incremento de la imitación de conductas violentas.
- Incremento de la violencia autodirigida.

- **Temor a ser víctimas de agresiones:**
- Incremento de temor y desconfianza.
- Incremento de búsqueda de autoprotección.

- **Efecto espectador:**
- Incremento de la despreocupación por incidentes violentos que

contemplamos o conocemos.
- Incremento de la frialdad e indiferencia ante estos incidentes.

Pobreza y violencia

En general se asocia el crecimiento de la pobreza urbana en los últimos años con el aumento de la violencia y la inseguridad en las ciudades. Sin embargo, la violencia e inseguridad no dependen sólo de la pobreza. La experiencia ha demostrado que más que la pobreza es la desigualdad, en conjunto con otros factores sociales, culturales y psicológicos, la que genera mayor violencia. Esto se puede observar en la falta de coincidencia en las tasas de violencia de las diferentes regiones, ya que las más pobres no son las más violentas, ni hay una correlación entre pobreza y homicidios (Fedesarrollo, 1996).

Afirmamos entonces que la pobreza no es causa exclusiva de la violencia y la delincuencia, ya que si así fuera:

- Habría más violencia en los países menos desarrollados y los países más desarrollados y ricos serían necesariamente los más seguros.
- Las peores crisis de seguridad deberían producirse durante las crisis económicas más devastadoras, situación que no necesariamente ha sido así.
- Las zonas con mayores índices de violencia en un país serían las más deprimidas, lo que no siempre se presenta.
- Entre los violentos y delincuentes debería haber muchos obreros que perciben un salario mínimo, cesantes o personas que llevan tiempo buscando un empleo.
- Los índices de violencia tendrían que bajar a medida que la economía presentara niveles de crecimiento.
- La solución a la violencia sería sólo una cuestión de la política económica y del patrón de la distribución de la riqueza.
- Todos los pobres serían potenciales delincuentes.

Eric Debarbieux, director del Observatorio Europeo de la Violencia Escolar (OEVE), cuestiona también estos preconceptos con respecto a la violencia escolar, afirmando que el fenómeno no está directamente relacionado con el desarrollo económico. Menciona que en Francia, una investigación del OEVE demostró que, entre 1996 y 2000, años en que hubo mejoras en la situación económica del país, la sensación de que hay "mucha o muchísima violencia" creció de 21,4% a 40,5 por ciento ("La infancia hace destino").

VIOLENCIA SOCIAL Y FAMILIAR

La violencia en el hogar y el maltrato a los miembros de la familia menos capaces de defenderse siempre ha existido, sin embargo se ha intentado ocultar esta problemática hasta hace tiempo atrás, en que ha empezado a ser considerada como un problema social.

Podemos definir el maltrato como una situación que no es accidental, en la cual una persona sufre un daño físico, se ve privado de sus necesidades básicas o es agredido emocionalmente, todo esto como resultado de una acción u omisión por parte de otro miembro de la familia. En general, la naturaleza oculta del maltrato permite que la gente no vea, no escuche, no hable sobre la conducta que es totalmente contradictoria con el sistema de valores socialmente aceptados.

Hay quienes sostienen que la familia es la institución social más violenta. Debemos tener en cuenta que la organización social de la familia se da dentro de un contexto cultural en el cual vemos que la violencia no sólo es aceptada sino también es tolerada y a veces estimulada. Es importante señalar que los actos de violencia no son privativos de una clase social determinada, aunque comúnmente la vemos asociada a sectores marginales de la sociedad. Pueden ocurrir en cualquier clase social, en ambos sexos, en todos los niveles educacionales y en cualquier etapa del desarrollo familiar.

Se considera que la familia es el lugar donde el ser humano se desarrolla biológica y psíquicamente, construye su identidad; es ámbito de contención afectiva, de aprendizaje de conductas, de transmisión de valores. La violencia es una desviación social familiar. Un grupo familiar cuyo modo de resolución de conflictos es violento, será un modelo para los hijos testigos de esa violencia, que repetirán las mismas conductas cuando formen sus propias parejas; esa situación se constituirá en un factor de riesgo, además de ser un daño en sí mismo para los miembros más débiles de la familia (mujer y niños). Cada familia tiene su propia organización interna, determinadas características de la organización posibilitan la aparición de fenómenos violentos:

- Una organización jerárquica fija e inamovible basada en desigualdades naturales.
- La distribución desigual de poder.
- Interacción rígida.
- Fuerte adhesión a los modelos dominantes de género.
- Consenso social con respecto al abuso ejercido dentro del ámbito privado familiar, lo que legitima al agresor y deja indefensa a la víctima.

La familia como factor favorecedor de las conductas violentas

Según Olweus (1980, 1998) existen tres factores que pueden hacer aparecer y mantener las conductas violentas:

1. Actitud emotiva de los padres o encargados del niño
Una actitud negativa, carente de afecto y dedicación durante los primeros años de vida, aumenta el riesgo de que el niño se convierta en una persona violenta.

2. Permisividad de los padres o encargados del niño ante la conducta violenta
El comportamiento permisivo de los adultos distorsiona la visión de algunos niños sobre lo que se considera conducta violenta. Es ese padre que, al ser citado para comunicarle la indisciplina o conducta violenta que ha tenido a su hijo como protagonista, manifiesta no entender dónde está la gravedad del hecho.

3. Hábitos de afirmación de la autoridad
Si los adultos utilizan como forma de afirmar su autoridad el castigo físico y el maltrato emocional, veremos a ese niño resolver las dificultades que se le presenten con sus compañeros de la misma forma.
El cariño y la dedicación, junto a límites bien definidos y el uso de métodos correctivos acordados por los padres, actúan en el niño como factores de protección.

Saber castigar

> *En una exposición reciente, en el Instituto Pedagógico Nacional, se ha podido ver el impresionante inventario de los medios utilizados a través de los siglos por los padres y los maestros para corregir a los niños. Entre estos medios, los castigos corporales tenían un lugar preponderante. Férulas, junquillos, látigos, fustas, suplicios más o menos bárbaros han sido utilizados en todo tiempo. Los educadores incluso daban muestra de una inventiva riquísima. El plato fuerte de la exposición era una extraordinaria máquina para dar fustazos que permitía "tratar" sin esfuerzos, gracias a unas astucias mecánicas, a varios niños malos a la vez. ¡Con un lado para las niñas y otro para los niños!* (Myrnos, 1972).

El castigo en niños, utilizado de manera juiciosa y en el contexto de una relación afectiva, puede *reforzar conductas no violentas*. Los padres que son propensos a utilizar castigos duros suelen tener niños extremadamente agresivos. Tanto en niños como adultos, los castigos severos suelen provocar sumisión, pero rara vez interiorización.

Consejos a la hora de castigar

- Tener paciencia.
- Elegir la sanción proporcionada a la falta.
- Evitar el capricho y la incoherencia.
- Desconfiar de la agresividad (dar el castigo sin pasión).
- Comprender antes que castigar.
- Desterrar en todos los casos los castigos corporales, las humillaciones y el poner en tela de juicio el amor de los padres o docentes al niño.

Capítulo II
Violencia en la escuela

Donde el lenguaje se detiene, lo que sigue hablando es la conducta.

F. Doltó

LA VIOLENCIA EN LA ESCUELA, ¿PRODUCTO DE LOS ÚLTIMOS AÑOS?

Al iniciar este trabajo nos preguntábamos si actualmente existe más violencia en nuestras escuelas. En momentos en que la violencia se halla instalada en la sociedad, es posible caer en la tentación apresurada de referirnos a ella como propia de estos años, como si fuese mayor que en épocas pasadas. Al menos, la historia de la infancia, la historia de las mujeres y la historia de la vida privada en la Argentina, describen una historia plagada de abusos, malos tratos, negligencia e ignorancia hacia los sectores más desfavorecidos, como las mujeres y la niñez. Además, es importante considerar que la mayor sensibilidad de ciertos sectores sociales hacia los derechos humanos, los derechos de la niñez y los de ciertos grupos minoritarios y la implementación de programas de detección de distintos tipos de abusos, han disminuido la tolerancia hacia la violencia (Bringiotti, M.I., 2000).

¿Y en la escuela? Si nos atenemos a lo que muestran algunos medios y a cierta alarma social, podríamos llegar a pensar que la escuela es un lugar donde la violencia es moneda corriente en la actualidad.

Lo cierto es que el problema existe y, en la medida en que afecta a todos los sectores de la comunidad escolar, debe preocuparnos. Se dan situaciones, según los estudios, en la totalidad de las escuelas (públicas y privadas) en las que porcentajes preocupantes de alumnos agreden, de forma continuada, a sus compañeros. La situación es todavía más lamentable cuando nos dicen que muchas veces, quien se transforma en víctima del maltrato (*bullying*), sufre alguna discapacidad psíquica o física o, sencillamente, es diferente.

Los científicos nos dicen que las víctimas, pero también los agresores y los meros espectadores de estas agresiones pueden padecer por largo tiempo las consecuencias de su participación en estas actuaciones. Las agresiones pueden ser físicas (golpes), verbales (insultos), contra las pertenencias (hurtos) o simplemente de exclusión del grupo. Pero existen otros problemas que alteran el ritmo normal de la vida escolar, son los derivados de la llamada disrupción, o sea problemas de convivencia entre docentes y alumnos normalmente en el ámbito del aula. Esta problemática habitualmente se denomina como de disciplina, palabra que, lamentablemente se identifica sólo con la adopción de medidas exclusivamente punitivas.

¿Qué se puede considerar violento en el ámbito escolar?

Todo acto agresivo que vulnera o denigra la integridad física, moral o psicológica de cualquier individuo puede ser encuadrado como violencia. Si consideramos que dentro de los hechos violentos que acontecen en la escuela se pueden incluir desde una broma discriminatoria hasta un cuchillazo en un baño escolar, hablamos de un espectro grande de posibles situaciones violentas. Por tal motivo, al final dedicaremos un espacio a otra forma de violencia, que no hace ruido, no aparece en los medios, pero que es la más habitual y deja en muchos niños y adolescentes profundas heridas para la vida: el *bullying*.

La violencia debe ser caracterizada y comprendida desde la relación, es decir en la interacción entre personas, en los grupos o dentro de las instituciones. Una relación donde intervienen sujetos con distintos grados de poder y roles diferenciados en la dinámica institucional.

DISTINTOS TIPOS DE VIOLENCIA EN LA ESCUELA

Cuando en un grupo escolar se suceden hechos de violencia será necesario "leer" esas conductas, y para ello hay diversos caminos. Por otro lado, sabemos que en un proceso de enseñanza-aprendizaje se dan aspectos organizativos, didácticos y también vinculares; los alumnos se relacionan entre sí a partir de su propia historia pero también a partir del espacio que otros miembros del grupo les dejan. Habrá, entonces, que observar también aquellas situaciones que se generan en la dinámica grupal.

Moreno Olmedilla en la Revista Iberoamericana de Educación, Tecnología y Sociedad ante la Educación, distingue las categorías de comportamiento antisocial que sería conveniente diferenciar:

A: Disrupción en las aulas.
B: Problemas de disciplina (conflictos entre profesorado y alumnado).
C: Maltrato entre compañeros (*bullying*).
D: Vandalismo y daños materiales.
E: Violencia física (agresiones, extorsiones).
F: Acoso sexual.

A - La **disrupción (interrupción) en las aulas** constituye la preocupación más directa y la fuente de malestar más importante de los docentes. Su proyección fuera del aula es mínima, con lo que no se trata de un problema con tanta capacidad de atraer la atención pública como otros que veremos después. Cuando hablamos de disrupción nos estamos refiriendo a las situaciones de aula en que varios alumnos impiden con su comportamiento el desarrollo normal de la clase, obligando a los docentes a emplear cada vez más tiempo en controlar la disciplina y el orden. Aunque de ningún modo puede hablarse de violencia en este caso, lo cierto es que la disrupción en las aulas es probablemente el fenómeno, entre todos los estudiados, que más preocupa en la tarea diaria, y el que más gravemente interfiere con el aprendizaje de la gran mayoría de los alumnos de nuestros escuelas.

Si bien excede el ámbito de esta obra, merecería un lugar especial el tema de la hiperactividad en aquellos alumnos con escasa capacidad de concentración, que no pueden estar sentados o dedicándose a su tarea por un tiempo relativamente largo.

El llamado **Trastorno por déficit de atención con hiperactividad (TDAH)** se caracteriza por tres síntomas básicos: el déficit atencional, la hiperactividad y la impulsividad. Así, el niño con excesiva inquietud motriz es fundamentalmente disruptivo, aunque no necesariamente agresivo. Es más, normalmente su impulsividad e inquietud pueden llevarlo a una situación de rechazo por parte de sus compañeros.

Algunos castigos para los niños con TDAH, no sólo son un recurso inapropiado sino ineficaz. Es muy importante el diagnóstico precoz de este trastorno, para poder actuar juntos —familia y escuela— y evitar así el fracaso escolar.

B - Las **faltas o problemas de disciplina**, normalmente en forma de conflictos de relación entre docentes y alumnos, suponen un paso más en lo que hemos denominado disrupción en el aula. En este caso, se trata de conductas que implican una mayor o menor dosis de violencia —desde la resistencia o el "boicot" pasivo hasta el desafío y el insulto activo a los docentes—, que pueden desestabilizar por completo la vida cotidiana en el aula. Sin olvidar que, en muchas ocasiones, las agresiones pueden ser de profesor a alumno y no viceversa; es cierto que nuestra cultura siempre ha mostrado una hipersensibilidad a las agresiones verbales —sobre todo insultos explícitos— de los alumnos a los adultos (Debarbieux, 1997), por cuanto se asume que se trata de agresiones que pronostican problemas aún más graves en el caso futuro, de no controlarse con determinación y medidas ejemplares.

C - El *bullying*, término que se emplea en la literatura especializada para denominar los procesos de intimidación y victimización entre iguales, esto es, entre alumnos compañeros de aula o de la misma escuela (Ortega y Mora-Merchán, 1997). Se trata de procesos en los que uno o más alumnos acosan e intimidan a otro —víctima— a través de insultos, rumores, maltratos, aislamiento social, apodos, etc. Si bien no incluyen la violencia física, este maltrato intimidatorio puede tener lugar a lo largo de meses e incluso años, y sus consecuencias son ciertamente devastadoras, sobre todo para la víctima.

D - El **vandalismo y la agresión física** son ya estrictamente fenómenos de violencia; en el primer caso, contra las cosas; en el segundo, contra las personas. A pesar de ser los que más impacto tienen sobre las comunidades escolares y sobre la opinión pública en general, los datos de la investigación llevada a cabo en distintos países sugieren que no suelen ir más allá del 10 por ciento del total de los casos de conducta antisocial que se registran en los centros educativos. No obstante, el aparente incremento de las extorsiones y de la presencia de armas de todo tipo en las escuelas, son los fenómenos que han llevado a tomar las medidas más drásticas en las escuelas de muchos países (Estados Unidos, Francia y Alemania son los casos más destacados).

E - El **acoso sexual** es, como el *bullying*, un fenómeno o manifestación "oculta" de comportamiento antisocial. Son muy pocos los datos de que se dispone a este respecto. En cierta medida, el acoso sexual podría considerarse como una forma particular de *bullying*, en la misma medida que podríamos considerar también en tales términos el maltrato de carácter racista o xenófobo. Sin embargo, el maltrato, la agresión y el acoso de carácter sexual tienen la suficiente relevancia como para considerarlos en una categoría aparte.

¿Hay distintas violencias escolares según el tipo de sector social que atiende la escuela?

El Instituto Internacional de Planeamiento de la Educación Buenos Aires cita una investigación del CONICET en la que muestra cómo la violencia se expresa de manera diferente según la clase social de los alumnos:

- *Escuelas de clase media alta*: agresiones verbales, alto grado de exigencia por parte de los alumnos hacia los adultos; poca motivación para la tarea, ausencia de cuestionamiento de las normas establecidas.
- *Escuelas de clase media:* manifestaciones de violencia dirigidas principalmente a la institución escolar, conductas de agresión verbal, "ruido" permanente; segmentación entre los grupos de alumnos e importante cuestionamiento a las normas institucionales.
- *Escuelas de clase baja:* violencia dirigida principalmente a las personas y ataques a la propiedad privada, agresiones físicas y verbales (frecuentes peleas entre grupos) y robos. Sin embargo, se acatan sin discutir las normas institucionales y es común un mayor sometimiento a la autoridad.

LA INTERACCIÓN DOCENTE-ALUMNO

El clima socio-emocional del aula

Los resultados de las distintas investigaciones sugieren que el clima emocional del aula ejerce una gran influencia, no sólo en el rendimiento escolar, sino también sobre sus respuestas emocionales y afectivas. En relación con las expectativas que tiene el docente sobre sus alumnos, algunos autores indican cuáles son los comportamientos a través de los cuales los educadores comunican **expectativas negativas**:

1. Esperan menos tiempo para que respondan los alumnos de quienes tienen bajas expectativas.
2. Dan respuestas breves o preguntan a otros alumnos, antes que tratar de mejorar sus respuestas o formularles nuevamente la pregunta.
3. Utilizan el refuerzo de manera incorrecta, aplicándolo incluso ante respuestas erróneas de los alumnos con bajas expectativas.
4. Estos mismos alumnos suelen recibir más críticas por sus fracasos comparativamente a aquellos de quienes el profesor posee expectativas positivas, y reciben también menos elogios por sus aciertos.
5. En cuanto a su disposición en el aula, los alumnos de quienes se espera poco, acostumbran ocupar los asientos más alejados del docente.
6. Las interacciones que los docentes mantienen con estos alumnos son, con más frecuencia, privadas que públicas; asimismo tienden a ejercer más control sobre ellos y a estructurar más sus tareas.
7. El *feedback* que reciben es más sencillo que el que suele dirigirse a sus compañeros, de quienes los docentes han forjado expectativas más altas.
8. Por último, se observa cierta tendencia a utilizar menos sus ideas y sugerencias.

Es importante destacar las variables personales que citan algunos autores y la sugerencia a considerar tres tipos de docentes:

a) Los **docentes proactivos**, que se caracterizan por dejarse guiar por sus propias creencias sobre lo que es apropiado o razonable para establecer los objetivos, sea para toda la clase o para algunos alumnos. Es el tipo de docente que probablemente ejerce a partir de sus expectativas los efectos más positivos.

b) Los **docentes sobrerreactivos**, que desarrollan percepciones rígidas y estereotipadas de sus alumnos basadas en antecedentes anteriores o impresiones iniciales de su comportamiento.

c) Los **docentes reactivos**, quienes se encuentran entre ambos extremos, ejercen un impacto mínimo sobre sus alumnos.

¿Cómo disminuir los efectos negativos de las expectativas del docente hacia sus alumnos?

a) El docente debe atender a las diferencias individuales de sus alumnos, pero no al punto de descuidar la enseñanza de todo el grupo de clase.

b) El docente debe actualizar las expectativas que tiene sobre los alumnos, teniendo en cuenta el rendimiento actual y no tanto su producción anterior.

c) Fijar estándares mínimos a los que puedan llegar todos los alumnos.

d) Analizar las dificultades que muestran los alumnos y buscar distintas formas para que puedan ir avanzando en los aprendizajes.

Amenazas al control de la clase

Existen una serie de situaciones que se le pueden presentar al docente y que pueden plantear una amenaza inmediata al control de la clase. En la mayoría de los casos seguiremos a David Fontana (1986) quien, si bien hace referencia en todo momento a la categoría de indisciplina, enumera muchos de los incidentes que hoy catalogamos de violencia escolar.

Groserías

Se presenta en aquellos momentos en que un niño reacciona con insolencia a alguna observación del adulto. Esta conducta puede expresarse verbalmente o cuando *...el alumno levanta la mirada al cielo, suspira profundamente, mira con desdén al maestro, se aleja de él mientras éste sigue hablando...* (Fontana, 1986). Por supuesto que el primer consejo que da el autor de "La disciplina en el aula" es no dejarse llevar por la cólera, ya que ésta reduce la capacidad para actuar objetivamente. *Si el maestro conserva la calma y responde con decisión, estará demostrando al alumno que su grosería no ha dado en el blanco*, lo que Fontana llama "carácter tajante".

Desafíos

Los considera Fontana como uno de los gestos más temidos por los docentes: cuando se manda hacer algo a un alumno y éste se niega; *...inmediatamente un silencio sepulcral y premonitorio invade el aula, el* *alumno ha lanzado un desafío a la autoridad del docente.* ¿Enfrentar o retirarse?

El docente prudente evitará llegar a este tipo de incidentes, pero si así no fuera el caso: repetir la orden y si persiste en su negativa, preguntarle el motivo. No obstante, de continuar negándose o agregando groserías a su actitud, Fontana aconseja *no seguir gastando el tiempo en el tema y, terminada la clase, volver a tratar el asunto con él en privado.*

Afortunadamente estos enfrentamientos son raros, pero el docente deberá estar atento a los indicios que marcan una predisposición a este tipo de actitud y tomar medidas para que no se reproduzca o intensifique. Conocer a los alumnos no sólo en este caso sino en todos, es fundamental para prevenir incidentes difíciles de manejar.

Agresión física al docente

Si bien los medios de comunicación dedican notoria publicidad a la agresión física a los docentes, estos hechos son poco frecuentes y menos sin preaviso. Lo normal es que se hayan manifestado algunas señales de que el alumno está creando un fuerte sentimiento de rencor o frustración contra el docente, sus compañeros o la escuela en general. Una vez más, el conocimiento que el docente tiene del alumno permite anticipar este tipo de conductas. Intentar integrarlo, hacer críticas a su trabajo buscando alentarlo, alabar su esfuerzo en clase, etc., quita presión a la situación evitando que degenere en violencia.

Las "violencias sutiles"

Una investigación realizada por la Universidad del Comahue, citada por el Instituto Internacional de Planeamiento de la Educación (IIPE), muestra las diferencias en el lenguaje utilizado por los docentes con alumnos de sectores medios y con los de sectores populares: *... la regulación del comportamiento de los alumnos es mayor en escuelas de sectores populares a través de usos imperativos ("se callan", "sentate", "pasá") sin mediar ningún tipo de justificación. Mientras que las intervenciones regulativas de los docentes en los sectores medios ("si no se sientan no pueden empezar a trabajar", "si no se callan no pueden empezar a trabajar"), sí son acompañadas por justificaciones.*

La escuela debería ser un lugar caracterizado por el respeto hacia la diversidad cultural, pero nos encontramos con miradas prejuiciosas sobre los alumnos, en donde algunas características son atribuidas a todos los integrantes de un grupo social. Así, *los bolivianos despiden un olor fuerte y desagradable, y esto es producto de lo que comen,* o *los chicos peruanos son callados, obedientes, sumisos, no dan para más...* (IIPE-Buenos Aires).

Mejorar el clima del aula para poder enseñar y aprender

1. Para educar las relaciones en el aula

a) **Para mejorar el interés y la participación:**
- Relacionar los temas tratados en clase con las experiencias y valores de los alumnos.
- No adoptar una actitud dogmática ni apoyarse en su autoridad en las explicaciones, de forma que el alumno pueda también expresar sus dudas sin temor a quedar en ridículo.
- Realizar preguntas reales y evitar servirse de los aportes de los alumnos para demostrar que el docente posee un nivel de conocimientos superior.
- Trabajar con técnicas de atención y de motivación.

b) **Para aumentar la cohesión del grupo:**
- Favorecer las interacciones realizando trabajos en grupo.
- Procurar que la clase tome decisiones grupales.

c) **Para favorecer el apoyo y la comprensión:**
- El docente se mostrará confiado, asequible y abierto a los alumnos.
- El docente procurará conocer y comentar no sólo los problemas de la clase, sino también los personales que afectan directa e indirectamente el aprendizaje académico y profesional.

2. Para fomentar el desarrollo personal del alumno:

d) **Ayuda personal**
- Atender los casos individuales de dificultades de aprendizaje.
- Detectar problemas, menores o incluso graves, con el fin de facilitar apoyo e información acerca de los institutos especializados que pueden ofrecer ayuda.

e) **Competitividad**
- Favorecer tareas de colaboración y trabajos en grupo.
- No ridiculizar o castigar a los alumnos con menos éxito académico.
- Valorar en público y en privado el esfuerzo y la dedicación y no sólo los resultados.

3. Clima de orden favorable al aprendizaje:

f) **Orden y organización**
- Servirse de programas y esquemas, incluso por escrito, para facilitar el aprendizaje sistemático y organizado.
- Recordar las normas y los compromisos con la frecuencia necesaria.
- Mantener las normas y acuerdos de la clase. En caso de posibles cambios, conviene discutirlo o razonarlo en la clase.
- Controlar el contenido del programa, de la metodología didáctica y la marcha de la clase, para reducir al mínimo la improvisación.
- Recuérdese que el modo de control variable es el más eficaz: el profesor debería aprender a integrar el comportamiento de autoridad firme con la actitud democrática y flexible según los casos y las necesidades. De este modo se consigue orden en los objetivos básicos y se genera un clima de confianza y colaboración idóneo para la buena marcha del curso.

g) **Cambios en la forma de enseñar**
- La metodología variada mantiene y aumenta la atención y la motivación.
- El binomio autoridad firme-actitud democrática o la capacidad del docente para mantener dos tipos de comportamiento: flexible o sensible a los deseos de los alumnos, e intransigente en cuestiones relevantes, es la clave de la creación de un clima favorable y eficaz que permite avanzar dentro de unos cambios aceptables y mantener los valores y contenidos básicos del programa.

Como hemos visto, los educadores podemos ser al mismo tiempo **receptores, víctimas, contenedores y generadores inconscientes de hechos de violencia.** Por esta razón es necesario trabajar responsablemente sobre los distintos temas que hemos analizado, también en momentos en que el rol docente está siendo desvalorizado, cuestionado y transformado, aun en circunstancias en que la tarea sobrepasa el campo pedagógico.

Factores que justifican la formación y el compromiso de los docentes

- Son quienes modelan y guían las actitudes y conductas en la escuela.
- Son los responsables de velar por la seguridad de los alumnos.
- Tienen una alta probabilidad de ser los primeros en detectar las distintas situaciones de abuso.
- Tienen la responsabilidad moral y profesional de atender las demandas socio-afectivas de los alumnos.
- La indisciplina y la violencia que puedan generarse en la escuela, recaen directa y negativamente en el desarrollo de su labor profesional.
- Pueden ser parte directamente implicada en el problema, cuando sufren agresiones o son ellos mismos los agresores.
- Son los primeros adultos a quienes puede acceder un alumno en situación de riesgo.
- Son conscientes, como equipo, de las dificultades que encuentran para mantener en las escuelas ambientes de buena convivencia.

LA DISCIPLINA EN EL AULA

La disrupción agrupa lo que en lenguaje escolar suele entenderse por disciplina en el aula. Por poco frecuente y grave que sea, la disrupción distorsiona el flujo normal de las tareas que se desarrollan en el aula y fuerza al profesor a invertir buena parte del tiempo de enseñanza en hacerle frente. Al mismo tiempo que asumimos que la disrupción es la música de fondo de la mayor parte de nuestras aulas, debemos asumir también sus **implicaciones y consecuencias a corto y largo plazo**:

- La indisciplina implica una enorme pérdida de tiempo para la enseñanza y para el aprendizaje de los alumnos. Pero, además de tiempo, también se derrocha energía. La desperdicia el docente teniendo que dedicarse al control de la disciplina; la desperdician los alumnos, que ven sus tareas interrumpidas una y otra vez; y la desperdicia la institución escolar en su conjunto que tiene que dedicar cada vez más recursos personales y materiales a la gestión de la disciplina.

- Separa a los alumnos de los docentes ya que genera incomunicación en las aulas; en relación a la manera como el docente reaccione ante la indisciplina, podemos encontrarnos con distintos consecuencias: desde la confrontación permanente hasta la ignorancia mutua (pactos tácitos de no-agresión). En cualquier caso, hay incomunicación, que sin duda configura las actitudes y expectativas tanto de los alumnos como del docente.

- Muchas veces la indisciplina en el aula suele estar en la resistencia de los docentes a emplear enfoques activos de enseñanza y aprendizaje, y en general de cualquier tipo de iniciativa innovadora. La persistencia de la indisciplina lo lleva a no correr riesgos ni a hacer experimentos con el grupo. Sobre todo si tales riesgos y experimentos suponen introducir modelos en los que los alumnos trabajen más activamente, de modo más independiente o en grupos, curiosamente aquellos modelos de trabajo en el aula que mejor previenen y tratan la disrupción.

- La indisciplina tiene una relación directa con el incremento de inasistencias, tanto por parte del alumnado como de los propios docentes. La investigación al respecto ha confirmado la relación entre indisciplina en el aula y estrés del docente. Las conductas disruptivas influyen negativamente sobre la autoestima profesional del docente, condiciona sus decisiones profesionales, y va aumentando su nivel de estrés hasta llegar en ocasiones a lo que se conoce como "síndrome de *burnout*".

- Por último, es evidente que la indisciplina permanente en el aula tiene una influencia negativa sobre el aprendizaje y el rendimiento escolar de todos los alumnos, tanto si son disruptivos como si no lo son.

Finalidad de las normas de convivencia y disciplina

En toda comunidad, se hace indispensable para la convivencia y para el funcionamiento de la misma, la elaboración de normas que contemplen todos los aspectos sociales, culturales y políticos de los integrantes de la comunidad.

Si el objetivo que nos proponemos todos los sectores de la Comunidad Educativa es la formación de personas críticas, auténticamente libres para convivir en el respeto a los demás, las normas irán encaminadas a conseguir ese objetivo. Por lo tanto, las normas han de ser elaboradas y debidamente debatidas por los miembros de la Comunidad Educativa, con el fin de que sean democráticas y participativas.

La participación del alumnado no sólo es un derecho, sino una actividad más de formación. El alumno, también, podrá manifestar sus opiniones, en el ejercicio de su derecho constitucional a la libertad de expresión, dentro de los principios democráticos de convivencia y el reconocimiento de los roles de docentes y directivos.

El desarrollo de las normas de convivencia escolar va encaminado a la formación de una comunidad responsable y democrática y, por consiguiente, a la formación de personas. Será la escuela el marco donde debe comenzar el aprendizaje para el comportamiento cívico futuro.

> *Así como no puede haber escuela sin convivencia, no puede haber convivencia sin disciplina.*

La disciplina no es otra cosa que el fundamento necesario para una convivencia feliz. Las normas disciplinarias vienen a ser algo así como las reglas de juego, los acuerdos explícitos y tácitos que representan los valores de una cultura que la comunidad educativa se propone inculcar en los alumnos, justamente para que la convivencia sea posible.

Las normas de disciplina y convivencia se hacen para:
1. Facilitar la convivencia en el colegio, proponiendo normas claras y respaldadas por la mayoría.
2. Favorecer la participación.
3. Garantizar la igualdad de trato y consideración.
4. Impulsar una organización democrática en todos los asuntos del colegio.
5. Recordar y fijar los derechos y deberes que todos poseemos.
6. Defender y armonizar la libertad y eficacia dentro de cada una de las tareas escolares.
7. Animar la colaboración y el trabajo en equipo.
8. Fomentar un ambiente de investigación y trabajo.
9. Fomentar la autonomía y responsabilidad personal de todos los integrantes de la comunidad educativa.

Relación entre la escuela y la familia

La mayoría de los estudios que se han realizado acerca de cuáles son las características del ambiente de los niños que más influyen en el riesgo de violencia, se han concentrado en analizar la vida familiar y su entorno, y se encontró como principal condición de riesgo que la familia suele estar aislada de otros sistemas sociales.

La cantidad y calidad del apoyo social que una familia dispone, se convierte así en una de las principales condiciones para que disminuya el riesgo de violencia, y esto porque dicho apoyo proporciona:

1) ayuda para resolver los problemas;
2) acceso a información sobre otras formas de resolver los problemas;
3) oportunidades para mejorar la autoestima.

De acuerdo con lo expuesto y recordando lo que hemos expresado al referirnos al enfoque ecológico, una importante línea de acción para mejorar la eficacia de la prevención de la violencia, es promover una comunicación positiva entre la escuela y la familia, comunicación — que como expresa Díaz-Aguado (2001)— *...resulta especialmente necesaria para los niños con más dificultades de adaptación al sistema escolar y/o con más riesgo de violencia.*

COMUNICACIÓN ENTRE PADRES Y DOCENTES

La amabilidad y la prudencia en las entrevistas difíciles

Un padre o una madre **JAMÁS** se muestran indiferentes acerca de lo que les digamos sobre su hijo o hija.

El docente debe **familiarizarse con estos mecanismos defensivos, reconociéndolos y comprendiéndolos.**

* Si es **positivo**, los confirma en que lo han hecho bien como madre o como padre.

* Se pueden resumir en cuatro: **agresividad, culpabilidad, huida y negación.**

* Pero si es **negativo**, lo más lógico es que se sientan molestos, heridos, decepcionados....

* Comprenderlos ayudará a adoptar las actitudes más adecuadas **para mantener una comuni-**

* Los **MECANISMOS DE DEFENSA** se ponen en marcha. Es un intento de amortiguar la ansiedad y, así, calmar su frustración y su tensión emocional.

* **A mayor sensibilidad** a lo negativo, mayor disgusto. Su imagen personal está en entredicho. Los mecanismos de defensa se disparan y pueden aparecer reacciones violentas.

cación de calidad y no romper la **relación**, evitando que ésta asfixie la comunicación.

* **Muy importante: evitar establecer una relación de fuerza** intentando arrastrar al otro a nuestro terreno, o cediendo en el objetivo de la entrevista.

AGRESIVIDAD

Reacción interna del padre o de la madre ante la información: sentimientos de miedo, amenaza, impotencia, incapaz de afrontar la situación, pasa al ataque intentando amedrentar al entrevistador y que lo deje en paz. Le devuelve la responsabilidad sobre lo que pasa en la escuela.

Expresiones verbales (reales):
- *¿Desde cuándo se dedica usted a la enseñanza?*
- *¿Dónde estudió? Me gustaría ver su currículum.*
- *Parece que usted no tiene hijos.*
- *Usted es una incompetente.*
- *No ha sabido ganárselo/a.*
- *Usted no lo/la quiere.*
- *Etc.*

• **¿QUÉ HACER?**

* Permanecer tranquilo y hacerle entender que se comprende su decepción, su frustración...

• **¿QUÉ NO HACER?**

* Empezar a defenderse o a justificarse.

* Darle tiempo para reaccionar y precisar sus sentimientos.

* Cuando se llega a una percepción común de la situación, proponerle un acuerdo (en lo posible escrito):
—*Comprendo lo desagradable que es para usted la situación, sin embargo pienso que podemos ponernos de acuerdo sobre los medios más útiles para ayudar a su hijo/a.*

* Devolverle el ataque. Algo así como...:
—*Mire señora. Su hijo me ha dicho que usted nunca tiene diez minutos para hablar con él, que...*

CULPABILIDAD

Reacción interna del padre o la madre: sentimiento de incapacidad para soportar la responsabilidad y cambiar. La situación le parece insuperable. Impotencia y desánimo. Transfiere al otro la responsabilidad sobre lo que hay que hacer para cambiar la situación. Se siente culpable, como si hubiese cometido alguna falta y tuviera que enmendarla.

Expresiones verbales (reales)
—*Reconozco que lo he protegido demasiado.*
—*Es verdad. He perdido autoridad y ahora hace lo que se le da la gana.*
—*Es comprensible que sea así, por culpa nuestra...*

• ¿QUÉ HACER?

* Olvidar el pasado y partir del presente:
—*Todos tenemos que jugar un papel en esta situación.*

• ¿QUÉ NO HACER?

* Culpabilizar todavía más al padre o a la madre:
—*Es verdad que no es muy maduro.*

* Hay que subrayar la importancia que desempeña el papel del padre, o de la madre, en el cambio que se pretende:
—*Su hijo lo/la necesita.*

* Ponerse de acuerdo sobre el cambio deseado, los medios que se van a utilizar y el papel que va a desempeñar cada uno, asegurando al padre o a la madre que no estarán solos.

* Acordar límites y cumplirlos.
—*Y ahora vamos a trabajar juntos.*

* Liberarlo de su responsabilidad a la hora de aplicar una solución:
—*Usted, no se preocupe. La culpa no es suya. Déjelo por mi cuenta....*

HUIDA

Reacción interna del padre o la madre: sentimiento de amenaza ante un peligro al que es incapaz de enfrentar. No se ve a la altura de lo que cree que la escuela le pide. Mejor evitar la situación de sentirse despreciado y minusvalorado como persona y como padre o madre. Al huir, está reconociendo que hay un problema pero que no sabe qué puede hacer para solucionarlo. Se siente mal y considera que la dificultad es insuperable.

Actitudes y expresiones verbales y no verbales (reales):
* No acude a la entrevista.
* Presenta mil y una excusas para no actuar: *Ya sabe que, por mi ocupación, apenas tengo tiempo para estar con él...*
* Habla del hermano mayor o de la hermana: *En cambio, la más chica, sí que es responsable...*
* Expresa su impotencia y su incapacidad: *¿Qué quiere usted que haga?*
* Alardea de indiferencia y falta de interés en todo lo referente a la escuela: *Este es un problema de ustedes.*

• ¿QUÉ HACER?

* Intentar que se valore un poco más positivamente. Apelar a sus capacidades para implicarlo en la escuela.

* Buscar aspectos positivos valiéndose del hijo/a-alumno/a como intermediario.

* Si no quieren aparecer por la escuela, buscar otras posibilidades de encuentro.

• ¿QUÉ NO HACER?

* Echarle las culpas de los problemas de su hija/o.

* Pedirle, una y otra vez, cosas que o no quieren hacer o no pueden hacer.

NEGACIÓN

Reacción interna del padre o la madre: se siente amenazado como persona y como padre. Intenta mantener una buena imagen de sí mismo alterando la realidad de los hechos, quitándoles importancia o, incluso, negándolos. De ese modo, rechaza la información que se le transmite, encerrándose en una actitud defensiva.

Expresiones verbales (reales):
—*Nadie me había dicho eso hasta ahora.*
—*Eso jamás lo ha hecho en casa...*
—*El /ella no es como usted dice...*
—*¿Estamos hablando de la misma persona?*
—*El año pasado, según su docente, todo andaba perfecto...*
—*Etc.*

• ¿QUÉ HACER?

* Interesarse por lo que el padre, o la madre, le cuenta.
- *¿Y cómo es en casa?*

• ¿QUÉ NO HACER?

* Obstinarse y querer convencer a cualquier precio.

* Defenderse.

* Aceptar lo que le dice, proponiéndole actuar conjuntamente para solucionar el problema que tiene el chico, o la chica, en la escuela.
—*¿Qué me sugiere para que se porte en la escuela como en casa?*

* Dudar de lo que el padre o la madre dicen:
—*Explíqueme usted, entonces, por qué se porta en casa de una manera y en la escuela de otra.*

Las figuras paterno-maternas que presentamos pueden resultar caricaturescas por esquemáticas, pero lo que sí es posible, es que las múltiples combinaciones que encierran las cuatro se acerquen más a las imágenes reales de los padres y madres que asisten a entrevistarse con docentes, tutores o directivos cuando hay problemas.

Tampoco las soluciones que se presentan aquí son las únicas. Puede haber tantas y tan diversas como tantos y tan diversos son los padres y los problemas que en la escuela pueden tener sus hijos. Lo importante es tratar de poner en movimiento la reflexión personal para encontrar las soluciones más adecuadas en esas entrevistas no fáciles, complicadas, plagadas de obstáculos que, con frecuencia, desorientan o pueden dejar "desarmado" al docente ante ellas.

> Recordar siempre que, pase lo que pasare, lo importante es no romper nunca la relación con el padre o la madre entrevistados. El perjudicado sería el alumno, la alumna, a quien justamente queremos ayudar.

LA VIOLENCIA SILENCIOSA – EL *BULLYING*

Cuando se habla de violencia en el mundo escolar suele asociarse a manifestaciones físicas tales como destrozos, peleas, robos, etc. Sin embargo, cada vez se hace más evidente que la olla a presión que representa una escuela abarca muchos más actos, mensajes o situaciones violentas que las antes referidas.

En la encuesta a través de Internet realizada por el Portal Nueva Alejandría (www.nalejandria.com.ar) a fines de 2002, los casi 700 docentes que respondieron a la misma expresaban que, entre las situaciones de violencia más frecuentes, figura en primer lugar *la provocación verbal* entre alumnos (94%), y en segundo lugar *la agresión física* (79%). Le siguen la provocación verbal hacia los maestros (65%), los robos y/o hurtos (63%), el vandalismo hacia los bienes físicos de la escuela (46%) y la discriminación étnica o social (39%). Con menor porcentaje figuran la exhibición de armas de cualquier tipo (12%) y el uso de armas contra otros alumnos o maestros (4 %).

En su forma más general, el fenómeno del abuso consiste en la dominación *reiterada,* tanto psicológica como física, hacia una persona con menos poder, por parte de otra persona con un poder mayor. Decidimos entonces profundizar sobre el fenómeno del *bullying,* ya que es aquella forma de violencia que pasa inadvertida y resulta paradójicamente la más frecuente.

La traducción aproximada, sería la de bravucón o matón, y como acción propia del *bully* o matón estarían los maltratos o amenazas de manera que intimida, tiraniza o aísla, y por ello convierte a alguien en víctima.

Los países nórdicos y germanos lo denominan *mobbing* (acosar, rodear) tomado del etólogo Konrad Lorenz y los anglosajones *bully* para designar al autor de la acción y *bullying* para designar su acción, términos éstos que se usan tanto en el lenguaje científico como en el cotidiano. A pesar de la diversidad de definiciones y matices, la más consensuada se refiere a:

...una conducta de persecución física y/o psicológica que realiza el alumno o alumna contra otro, al que elige como víctima de repetidos ataques. Esta acción, negativa e intencionada, sitúa a las víctimas en posiciones de las que difícilmente pueden salir por sus propios medios. La continuidad de estas relaciones provoca en las víctimas efectos claramente negativos: descenso en su autoestima, estados de ansiedad e incluso cuadros depresivos, lo que dificulta su integración en el medio escolar y el desarrollo normal de los aprendizajes (Olweus, 1983).

Un ejemplo clarificador sería el de aquel niño o adolescente que rehúsa ir al colegio sin motivo aparente. Ante la insistencia de sus padres, finge todo tipo de malestares, se escuda en todo tipo de argumentos para no declarar su problema. Un grupo de compañeros le está haciendo la vida imposible. Desde hace un tiempo se ha convertido en la burla del grupo, y toda la clase lo sabe... pero existe una conspiración silenciosa.

> *Actualmente en el Reino Unido se reconoce que alrededor de dieciséis chicos y chicas mueren anualmente por causas relacionadas directa o indirectamente con el* bullying (Avilés Martínez, diciembre 2002).

La manifestación del *bullying* es variable. En algunos casos el niño puede llegar a ser objeto de chantajes económicos, coacciones de índole variada, y apremiado a realizar actos poco deseables. En las chicas se deriva más hacia una violencia psicológica y a un aislamiento donde se llega hasta hacer el vacío más absoluto a una determinada compañera. *Estas situaciones forman un mundo escondido, al que los adultos (padres-docentes) no suelen tener acceso debido al miedo de la víctima,* que por su falta de autoestima no comunica su debilidad por temor a parecer aún más débil. Se suma a ello el que los mayores interpreten los miedos del acosado como un momento por el que este último debe pasar obligatoriamente para "hacerse mayor", y desestimen su carácter traumático. En este sentido, existen **tres factores** básicos que siempre se dan para que un hecho se considere *bullying*:

- Ha de existir una víctima (indefensa) atacada por un abusivo, o grupo de abusadores. Es una relación de poder entre el más fuerte y el más débil.
- Debe suceder durante un período prolongado (un mes, etc.) y de forma repetida (más de dos o tres veces).
- La naturaleza de la agresión puede ser física, verbal o psicológica.

TIPOS DE MALTRATO

Maltrato físico:
• Amenazar con armas (maltrato físico directo)
• Pegar (maltrato físico directo)
• Esconder cosas (maltrato físico indirecto)
• Romper cosas (maltrato físico indirecto)
• Robar cosas (maltrato físico indirecto)

Maltrato verbal:
• Insultar (maltrato verbal directo)
• Poner apodos (maltrato verbal directo)
• Hablar mal de alguien (maltrato verbal indirecto)

Exclusión social:
• Ignorar a alguien
• No dejar participar a alguien en una actividad

Mixto (físico y verbal):
• Amenazar con el fin de intimidar
• Obligar a hacer cosas con amenazas (chantaje)
• Acosar sexualmente

En cuanto a los *lugares de riesgo,* los docentes en general afirman que el mayor número de abusos se produce en los lugares de juego, seguido por los alrededores de la escuela, los pasillos y finalmente las clases. Sin embargo los alumnos, comparados con los docentes, dan más importancia que éstos al aula y los alrededores de la escuela como lugares de riesgo.

Causas

Las causas de la realización del *bullying* son muy complejas. Distintos autores apuntan en mayor o menor grado a variables como:

• problemas de personalidad en el agresor;
• falta de autoestima por parte de la víctima;
• problemas familiares;
• currículum inadecuado;

- sociedad competitiva;
- violencia del sistema;
- organización escolar excesivamente rígida o;
- por falta de concientización de dicha problemática.

Lo que resulta del consenso general es que las circunstancias que intervienen para que se den casos de *bullying* son multifactoriales. Desde esta perspectiva, *se tiene que atender cada caso de manera individualizada, además se deben adoptar medidas claras y contundentes dentro del ámbito escolar.*

El contexto familiar tiene mucha importancia en el aprendizaje de las formas de relación interpersonal. La estructura y dinámica de la familia, los estilos educativos de los padres y las madres, las relaciones con los hermanos son aspectos fundamentales que se deben tener en cuenta ya que pueden convertirse en factores protectores o bien en factores de riesgo para que los niños o niñas se conviertan en agresores o víctimas en la relación con sus compañeros.

El contexto escolar también influye en las relaciones de los alumnos entre sí, y de éstos con sus docentes. Tanto los aspectos estructurales de la institución educativa como su dinámica, en la que se incluyen los fenómenos como aprendizajes agresivos por imitación, comportamiento de los profesores, etc., son muy importantes a la hora de explicar y, sobre todo, de prevenir los abusos entre iguales en ese ámbito.

PERFILES PSICOSOCIALES

Cuando volvimos del recreo me habían escupido la campera y desordenado de nuevo las carpetas... Yo sabía quiénes habían sido, pero no me animaba a hacer nada. Tenía ganas de irme y no volver más a ese colegio...

Hemos insistido en que, cuando hablamos de violencia no sólo nos referimos a la puramente física, sino también a la verbal o a toda aquella acción en la que se produce un ataque a la dignidad de la persona o a su integridad psicológica.

• El agresor

Distintos estudios señalan al varón como agresor principal, aunque algunos investigadores mencionan a las chicas como las protagonistas de actos violentos en los que utilizan más elementos psicológicos; la intimidación se convierte en más sutil e inadvertida aún.

Tomamos de Olweus (1998) las siguientes *características del agresor*:

- temperamento agresivo e impulsivo;
- habilidades sociales deficientes;
- falta de empatía hacia lo que siente la víctima;
- falta de sentimiento de culpa;
- falta de control de ira y altos niveles de hostilidad (esto lo lleva a relacionarse conflictivamente y a interpretar agresión hacia su propia persona);
- autosuficiente y no muestra bajo nivel de autoestima;
- belicosos con compañeros y adultos;
- una mayor tendencia hacia la violencia;
- impulsivos y necesitados de dominar al otro;
- tienen mayor fortaleza física y;
- son poco populares pero más que las víctimas.

Es importante tener en cuenta que el agresor primero elige a la víctima y luego explota rasgos tales como anteojos, color del pelo o la piel, tartamudez, etc., y que existirían distintos perfiles de agresor:

- el **activo**, que intimida, agrede personalmente al establecer una relación directa con su víctima;
- el **social-indirecto,** que dirige desde el anonimato a sus seguidores y los incita a actos de acoso e intimidación y;
- los **pasivos**, que son seguidores del agresor pero no actúan en la agresión.

• La víctima

El papel de víctima puede encontrarse en porcentajes similares entre varones y mujeres, aunque algunos investigadores consideran que los varones son los más implicados.

Se considera a las víctimas como:

- más débiles, inseguras, ansiosas, cautas, sensibles, tranquilas y tímidas;
- con baja autoestima;
- pasan más tiempo en su casa;
- excesiva protección de los padres, lo que genera niños dependientes;
- tienen contacto estrecho y una relación positiva con sus madres;
- no son fuertes físicamente;
- no son ni agresivos ni violentos y sufren en silencio los ataques del agresor;
- no buscan entrar en conflicto;
- muestran altos niveles de ansiedad e inseguridad.

En general son sujetos rechazados a los que les cuesta hacer amigos, pero establecen mejor relación con sus docentes que los agresores.

Los "espectadores" de la violencia

Algunos investigadores interpretan la falta de apoyo de los compañeros a la víctima como el resultado de la influencia que ejercen el o los agresores sobre el grupo. En los casos de acoso, intimidación y maltrato entre alumnos, se observa una especie de "contagio" que lleva no sólo a inhibir la ayuda, sino también a participar en la agresión. Se conocen otros casos en los cuales el temor a ser incluido en el "círculo de victimización" y convertirse también en el centro de las agresiones, impide ofrecer la ayuda que sabe debería prestar.

Consecuencias del *bullying* para la víctima:

- Fracaso y dificultades escolares.
- Ansiedad y ansiedad anticipatoria.
- Insatisfacción.
- Fobia a ir al colegio, ausentismo.
- Riegos físicos.
- Formación de una personalidad insegura que impide el desarrollo normal e integral.

- Descenso de la autoestima al no lograr resolver los ataques.

De prolongarse la victimización:

- Cuadros de neurosis, histeria y depresión.
- Reacciones violentas.
- Intentos de suicidio.

Consecuencias del *bullying* para el agresor

La conducta del agresor se ve reforzada al ser considerada como buena y deseable y como una forma de conseguir estatus y reconocimiento por parte de sus compañeros. Si aprende que esa es la forma de establecer vínculos, generalizará esa conducta a todas sus relaciones sociales, inclusive su propia familia. Para algunos autores, su actuar puede suponer la antesala de una futura conducta delictiva.

Actuando sobre las burlas

Las burlas pueden ocurrir en cualquier parte y es difícil prevenirlas a pesar de los esfuerzos de padres y docentes para crear un clima de buena convivencia. Los docentes no siempre las perciben y los padres no pueden proteger siempre a sus hijos de estas situaciones dolorosas, pero sí podemos enseñarles estrategias útiles para ayudarles a tratar estos hechos cuando se presentan. Los niños pequeños que aprenden algunas estrategias a temprana edad, estarían mejor preparados para confrontar retos sociales y conflictos más trascendentes antes o durante la adolescencia.

¿Por qué los niños se burlan?

Según Freedman (2000) los niños se burlan por diferentes razones:
- **Atención.** Burlarse es una manera efectiva de recibir atención negativa y, desgraciadamente para muchos niños, recibir atención negativa es mejor que nada.
- **Imitación.** Algunos niños modelan o imitan lo que está pasando con ellos en el hogar, actuando de la misma forma con com-

pañeros de la escuela o del barrio. Estos son niños que acostumbran ser molestados por los hermanos o tienen padres violentos o muy duros.

- **Sentimientos de superioridad y poder.** Muchos niños se sienten superiores cuando intimidan a otros, o podrían sentirse poderosos cuando la burla enfurece a otros (Olweus, 1993).
- **Aceptación de compañeros.** No es poco común ver niños empecinados en comportarse burlonamente porque lo perciben como que "está de moda". La necesidad de pertenencia en algunos niños puede ser tan fuerte, que el niño se burla de otros para ser aceptado por los niños más populares.
- **Mal entendiendo diferencias.** La falta de entendimiento de diferencias podría ser el factor fundamental en algunas burlas. Muchos niños no están familiarizados o no entienden diferencias culturales o étnicas. En algunos casos, un niño con una disminución física o de aprendizaje podría ser el objeto de burlas debido a que es "diferente". Algunos niños critican al que es diferente, en lugar de tratar de entender o aprender qué hace especial a la otra persona.
- **Influencia de los medios de comunicación masiva.** Uno no puede discutir las razones de por qué un niño se burla sin antes reconocer la influencia poderosa de los medios de comunicación. Nuestros hijos están frecuentemente expuestos a las burlas, las ridiculizaciones, el sarcasmo y la falta de respeto en muchos de los programas de televisión.

¿Cómo pueden ayudar los padres?

- Estrategias para los padres

Cuando el niño o adolescente es objeto de burlas, es importante ver el problema desde el punto de vista del niño, sentarse con él y escucharlo atentamente sin juzgarlo. Pedirle que describa cómo lo están molestando, dónde ocurre y quién lo está molestando. Entienda y valide los sentimientos de su niño. Veamos algunas estrategias que podrían ayudar:

- No reaccione exageradamente. Cuando los padres reaccionan con exageración, pueden influir en la reacción exagerada del niño.

- Pasarle el mensaje, "podés manejarlo".
- Alentar al niño a estar con otros niños que lo hagan sentir bien.
- Revisar su propio comportamiento. ¿Usted se burla de su hijo?
- Enseñar o revisar y practicar las estrategias discutidas a continuación.

• Estrategias que los padres pueden enseñar a sus hijos

Las burlas no pueden evitarse y los niños no pueden controlar lo que otros dicen; sin embargo, pueden aprender a controlar sus propias reacciones a través de estrategias simples que reducirán los sentimientos de impotencia y le permitirán fortalecer sus habilidades para enfrentarlas. En "Manejando las burlas", Judy Freedman (2000) presenta algunas sugerencias que hemos adaptado:

• **Hablar consigo mismo.** Alentarlos a pensar qué pueden decirse a sí mismos cuando se están burlando de ellos. Un niño puede decirse a sí mismo, "aunque no me guste esta burla, yo puedo manejarla". Un niño debe preguntarse a sí mismo, "¿es verdadera esta burla?". Frecuentemente no lo es. Otra pregunta importante es: "¿La opinión de quién es más importante... del que está molestándome o la mía?" También es de ayuda para el niño que está siendo molestado que piense en sus cualidades para contrarrestar los comentarios negativos.

• **Ignorar.** Reacciones de mal genio o llanto frecuentemente invitan a continuar las burlas; por lo tanto, generalmente es más efectivo para el niño ignorar al que lo está molestando. El niño que está siendo molestado no debe mirar ni responder al que lo está molestando. Los niños deben hacer de cuenta que el que se burla de ellos es invisible y actuar como si nada estuviera pasando. Si es posible, es recomendable alejarse del que lo está molestando. Los padres podrían intercambiar el rol de "ignorar" con sus hijos y premiarlos por su excelente actuación. Es importante señalar que el ignorar podría no ser efectivo en situaciones prolongadas de burlas.

• **El mensaje Yo.** El "mensaje Yo" es una forma firme para que los niños expresen sus sentimientos efectivamente. Un niño expresa cómo se siente, qué le ha causado sentirse así y qué le gustaría que otros hicieran diferente. Por ejemplo, un niño podría decir: "Me siento enojado cuando te burlas de mis anteojos. Me gustaría que no lo volvieras a hacer". Esta estrategia generalmente funciona mejor cuando se expresa en una situación más estructurada y supervisada, por ejemplo el aula.

Cuando se utiliza en otras situaciones, como durante el recreo, esto puede generar más burla si el que se está burlando percibe que el niño, al ser molestado, se altera. No obstante, esta es una habilidad fácil de enseñar a los niños para ayudarles a tratar con muchas situaciones. El niño debe aprender a tener contacto visual, a hablar claramente y a utilizar un tono de voz cortés.

• **Visualización.** Muchos niños responden bien a palabras visualizadas que les "rebotan". Esto les da la imagen de no tener que aceptar o creer lo que se les dice. Esta imagen puede ser creada mostrándoles cómo una pelota rebota en una persona. Otra visualización efectiva es que el niño simule que tiene un escudo a su alrededor que ayuda a que las burlas y malas palabras le reboten. Una vez más, esta técnica les da a los niños el mensaje de que ellos pueden rechazar esas humillaciones.

• **Re-enfoque.** El re-enfoque cambia la percepción sobre el comentario negativo convirtiendo la burla en un elogio. Por ejemplo, un niño molesta a otro por sus anteojos, "Cuatro ojos, cuatro ojos, tienes cuatro ojos". El niño molestado puede responder decentemente: "Gracias por darte cuenta de mis anteojos". El que está molestando generalmente queda confundido, especialmente cuando no hay una reacción de furia o frustración. Otro niño puede responder a la burla diciendo: "Es una burla excelente".

• **Estar de acuerdo con los hechos.** Estar de acuerdo con los hechos puede ser una de las formas más fáciles de manejar un insulto o burla. Si el que se burla dice: "Tienes muchas pecas", el niño molestado responde: "Si, yo tengo muchísimas pecas". Si el que se burla dice: "Eres un niño llorón", el niño molestado puede responder: "Yo lloro fácilmente." Estar de acuerdo con los hechos generalmente elimina el sentimiento o el deseo de esconder las pecas o las lágrimas.

• **¿Y?** La respuesta "¿Y?" al que se burla, muestra indiferencia ante la burla y le resta importancia. Los niños encuentran esta respuesta simple, pero muy efectiva.

• **Responder al que se burla con un elogio.** Cuando un niño es molestado, generalmente es efectivo responder con un elogio. Por ejemplo, si un niño es molestado sobre la forma en que corre, él puede responder: "Tú eres un corredor veloz".

• **Utilizar el humor.** El humor muestra que se le ha dado poca importancia a la humillación o a los malos comentarios. La risa frecuentemente puede convertir una situación hiriente en una situación cómica.

• **Solicitar ayuda.** Algunas veces es necesario para un niño buscar la asistencia o intervención de un adulto si el que se burla es perseverante.

Cuando la burla se convierte en acoso

Muchos tipos de burlas pueden ser tratadas con efectividad por los niños implicados, algunas veces con la asistencia de los padres, docentes, tutores u orientadores. Sin embargo, las burlas se convierten en acoso, si:

- son repetidas o prolongadas;
- amenazan o resultan en violencia;
- involucran contacto físico inapropiado.

Los adultos deben estar alerta e intervenir cuando sea necesario si se sospecha o anticipa un acoso. Si bien los niños necesitan sus desafíos para crecer, puede ser un grave error considerar que un niño que no ha aprendido estrategias para enfrentar las burlas, podrá resolver la situación solo, y más peligroso aún, suponer que sufrirlas lo hará "madurar" para poder así "sobrevivir en este mundo".

¿CÓMO SE ORGANIZA LA ESCUELA?

Hemos dedicado un amplio espacio al fenómeno *bullying* ya que lamentablemente es más común en nuestras escuelas de lo que creíamos, y no diferencia zonas, ni el tipo, ni el tamaño de las escuelas.

Un hecho que nos parece preocupante es el haber observado que un alto porcentaje de los casos de intimidación y acoso se da en el aula, ante la presencia de los docentes. El informe Monbusho del Ministerio de Educación de Japón (Tokio, 1994), señala que más del 50% de los padres no sabe que sus hijos son víctimas y que el 67,4% se entera por el niño y no por la escuela. Esto confirma la idea expresada anteriormente donde afirmamos que este tipo de violencia pasa inadvertida para muchos docentes y la mayoría tampoco se siente preparado para enfrentarlo.

Es importante señalar que el análisis y la prevención del *bullying* están llenos de dificultades y complejidades. Es evidente que *la mejor solución es una actitud alerta y preventiva de estos hechos,* donde los involucrados sean conscientes desde el primer momento del daño y perjuicio que actos humillantes pueden causar en una persona y en consecuencia a todos los que lo rodean.

La dimensión organizacional, ya sea en el ámbito de la escuela en general, o el aula y los alumnos en particular, juega un papel fundamental en el desarrollo de conductas violentas. Por ejemplo:

- La existencia o no de normas de convivencia establecidas, que el alumno conozca y en las que haya participado para favorecer su internalización.
- La ausencia de un modelo participativo en la comunidad educativa puede provocar que tanto docentes como alumnos no encuentren cómo encausar el consenso en la toma de decisiones.
- Un sistema disciplinario débil, ambiguo o rígido puede provocar el surgimiento o el mantenimiento de situaciones de violencia.

No debemos olvidar

* Una situación de violencia entre compañeros no sólo influye sobre el agresor y su víctima, sino también en aquellos observadores de la propia agresión.
* El triángulo formado por agresor, víctima y espectador, con distinto grado de responsabilidad en el fenómeno de la violencia, es un esquema que se repite en todo fenómeno de prepotencia y abuso de poder.
* La violencia es un fenómeno social y psicológico: social, porque se desarrolla en un clima de relaciones humanas; y psicológico, porque afecta personalmente a los individuos que se ven envueltos en ella: víctimas, agresores y espectadores.
* La violencia tiene consecuencias negativas para todos los involucrados. Las víctimas sufren un serio deterioro de la autoestima y el autoconcepto; los agresores se socializan con una conciencia de clandestinidad que afecta, de forma grave, su desarrollo socio-personal y moral, acercándolos peligrosamente a la precriminalidad; los espectadores también pueden verse moralmente implicados, pueden tener sentimientos de miedo y culpabilidad.
* La violencia entre escolares también es nefasta para la labor de los docentes, porque dificulta nuestra labor educativa y nos desanima como profesionales.
* La intervención educativa contra la violencia debe estar dirigida a las víctimas, a los agresores y a los espectadores, por-

que todos están implicados y para todos tiene consecuencias negativas.

* Para desarrollar una educación sana de las relaciones interpersonales, es imprescindible manifestar claramente a los alumnos que la violencia y el abuso son conductas intolerables, ineficaces para resolver conflictos y dañinas psicológica y moralmente.

INSTRUMENTOS PARA DIAGNOSTICAR EL *BULLYING*

Los cuestionarios son una forma habitual para detectar la incidencia del *bullying*. En general, se recomienda explorarlo desde el punto de vista de: docentes, alumnos, familias, personal no docente, etc.

Preconcepciones de intimidación y maltrato entre iguales (PRECONCIMEI) – Cuestionario de evaluación del *bullying*

Este cuestionario elaborado por Avilés (2002) adaptado de Ortega, Mora-Merchán y Mora, se puede aplicar en sus distintas formas a docentes, alumnos y padres.

La hoja de pregunta al alumnado la componen doce ítems que evalúan lo siguiente:

1	Formas de intimidación: física, verbal, social.
4, 6	¿Cómo y dónde se produce el maltrato?
2, 3, 5, 8	Percepción desde la víctima. Incluye frecuencia y duración.
7, 9	Percepción desde el agresor.
10, 11	Percepción desde los espectadores.
12	Propuestas de salida.

PRECOCIMEI
Cuestionario sobre preconcepciones de intimidación y maltrato entre iguales
Hoja de preguntas para el alumnado
(adaptado de Ortega, Mora-Merchán y Mora)

HOJA DE RESPUESTAS

Instrucciones: Por favor, lee atentamente cada pregunta y marca con una X la letra o letras (según la pregunta), que mejor describa tu manera de pensar.

Instituto: .... Curso: .... Letra: ....

Localidad: .... Edad: ....

Soy: .... rChico .... rChica .... Fecha: ....

1	a	b	c	d	e	f	g

Los/as Profesores/as:

2	a	b	c	d

3	a	b	c	d	e

4	a	b	c	d	e	f	g	h

5	a	b	c	d	e

Las Familias:

6	a	b	c	d	e	f	g

7	a	b	c	d

8	a	b	c	d	e	f	g	h	i

Los/as compañeros/as:

9	a	b	c	d	e	f	g	h

10	a	b	c	d	e

11	a	b	c	d	e	f

12	a	b	c	d	e

Si tienes que añadir algo sobre el tema que no te hayamos preguntado, puedes escribirlo ahora. (Además, si lo crees oportuno, aquí puedes escribir tu nombre).

Nombre:

PRECOCIME!
Cuestionario sobre preconcepciones de intimidación y maltrato entre iguales
Hoja de preguntas para el alumnado
(adaptado de Ortega, Mora-Merchán y Mora)

Instrucciones: Por favor, lee atentamente cada pregunta y marca con una X la letra o letras (según la pregunta), que mejor describa tu manera de pensar.

1. ¿Cuáles son en tu opinión las formas más frecuentes de maltrato entre compañeros/as?

a. Insultar, poner motes.

b. Reírse de alguien, dejar en ridículo.

c. Hacer daño físico (pegar, dar patadas, empujar).

d. Hablar mal de alguien.

e. Amenazar, chantajear, obligar a hacer cosas.

f. Rechazar, aislar, no juntarse con alguien, no dejar participar.

g. Otros.

2. ¿Cuántas veces, en este curso, te han intimidado o maltratado algunos/as de tus compañeros/as?

a. Nunca.

b. Pocas veces.

c. Bastantes veces.

d. Casi todos los días, casi siempre.

3. Si tus compañeros/as te han intimidado en alguna ocasión ¿desde cuándo se producen estas situaciones?

a. Nadie me ha intimidado nunca.

b. Desde hace poco, unas semanas.

c. Desde hace unos meses.

d. Durante todo el curso.

e. Desde siempre.

4. ¿En qué lugares se suelen producir estas situaciones de intimidación? (Puedes elegir más de una respuesta).

a. En la clase cuando está algún profesor/a.

b. En la clase cuando no hay ningún profesor/a.

c. En los pasillos del Instituto.

d. En los aseos.

e. En el patio cuando vigila algún profesor/a.

f. En el patio cuando no vigila ningún profesor/a.

g. Cerca del Instituto, al salir de clase.

h. En la calle.

5. Si alguien te intimida ¿hablas con alguien de lo que te sucede? (Puedes elegir más de una respuesta).

a. Nadie me intimida.

b. No hablo con nadie.

c. Con los/as profesores/as.

d. Con mi familia.

e. Con compañeros/as.

6. ¿Quién suele parar las situaciones de intimidación?

a. Nadie.

b. Algún profesor.

c. Alguna profesora.

d. Otros adultos.

e. Algunos compañeros.

f. Algunas compañeras.

g. No lo sé.

7. ¿Has intimidado o maltratado a algún compañero o a alguna compañera?

a. Nunca me mato con nadie.

b. Alguna vez.

c. Con cierta frecuencia.

d. Casi todos los días.

8. Si te han intimidado en alguna ocasión. ¿Por qué crees que lo hicieron? (Puedes elegir más de una respuesta).

a. Nadie me ha intimidado nunca.

b. No lo sé.

c. Porque los provoqué.

d. Porque soy diferente a ellos.

e. Porque soy más débil.

f. Por molestarme.

g. Por gastarme una broma.

h. Porque me lo merezco.

i. Otros.

9. Si has participado en situaciones de intimidación hacia tus compañeros/as ¿por qué le hiciste? (Puedes elegir más de una respuesta).

a. No he intimidado a nadie.

b. Porque me provocaron.

c. Porque a mí me lo hacen otros/as.

d. Porque son diferentes (gitanos, deficientes, extranjeros, payos, de otros sitios...).

e. Porque eran más débiles.

f. Por molestar.

g. Por gastar una broma.

h. Otros.

10. ¿Por qué crees que alguno/as chicos/as intimidan a otros/as? (Puedes elegir más de una respuesta).

a. Por molestar.

b. Porque se meten con ellos/as.

c. Porque son más fuertes.

d. Por gastar una broma.

e. Otras razones.

11. ¿Con qué frecuencia han ocurrido intimidaciones (poner motos, dejar en ridículo, pegar, dar patadas, empujar, amenazas, rechazos, no juntarse, etc.) en tu Instituto durante el trimestre?

a. Nunca.

b. Menos de cinco veces.

c. Entre cinco y diez veces.

d. Entre diez y veinte veces.

e. Mis de veinte veces.

f. Todos los días.

12. ¿Qué tendría que suceder para que se arreglase este problema?

a. No se puede arreglar.

b. No sé.

c. Que hagan algo los/as profesores/as.

d. Que hagan algo las familias.

e. Que hagan algo los/as compañeros/as.

Gracias por tu colaboración.

PRECOCIMEI
Cuestionario sobre preconcepciones de intimidación y maltrato entre iguales
Hoja de preguntas para los docentes
(adaptado de Ortega, Mora-Merchán y Mora)

Valora entre 1 (desacuerdo) y 5 (acuerdo) las siguientes frases según tu opinión:

a. Las relaciones interpersonales son uno de los objetivos más importantes del desarrollo del currículum.

1   2   3   4   5

b. Las agresiones y situaciones violentas son un grave problema en mi Centro.

1   2   3   4   5

c. El profesorado se encuentra indefenso ante los problemas de disciplina y agresiones del alumnado.

1   2   3   4   5

d. El propio profesorado es en ocasiones el objeto de ataque del alumnado.

1   2   3   4   5

e. Los padres y madres.

1   2   3   4   5

f. La intervención del profesorado en los casos de violencia y de conflicto creo que es parte de mi labor educativa.

1   2   3   4   5

g. En mi clase, suelo controlar y atajar los conflictos y agresiones, no llegando a ser un problema.

1   2   3   4   5

h. El profesorado, sin ayuda de otros profesionales, no está preparado por resolver los problemas de malas relaciones y violencia en el Instituto.

1   2   3   4   5

i. Para eliminar los problemas de violencia es necesario que el equipo completo de profesorado tome conciencia y se decida a actuar.

1   2   3   4   5

j. Para eliminar los problemas de vioencia entre el alumnado que se producen en el Instituto, hay que implicar a las familias.

1   2   3   4   5

k. La carga lectiva e institucional actúa como una exigencia que impide dedicarse a asuntos como los problemas de relaciones interpersonales.

1   2   3   4   5

l. Para eliminar los problemas de violencia y mejorar las relaciones interpersonales hay que modificar el currículum escolar.

1   2   3   4   5

ll. Considero que comenzar un proyecto de intervención sobre las agresiones y violencia en mi Centro sería una buena idea.

1   2   3   4   5

m. Como profesor/a, considero tan importantes los problemas de violencia e intimidación como los que tienen que ver con el rendimiento académico del alumnado.

1   2   3   4   5

UNA ENCUESTA SENCILLA PARA DIAGNOSTICAR EL *BULLYING*

La violencia escolar a través de sus múltiples manifestaciones: agresiones, amenazas, robos, etc., es un tema que preocupa a la comunidad educativa de nuestro colegio y que *en numerosas ocasiones pasa inadvertida*. Con el objeto de conocer la situación actual y, prevenir esta problemática, te pedimos que contestes este cuestionario con la mayor SINCERIDAD posible (*No es necesario que pongas tu nombre, pero sí el sexo*). Tus respuestas ayudarán a mejorar la CONVIVENCIA en el colegio. *¡Gracias por tu colaboración!*

* Señala con una X la respuesta que más se ajuste a tu situación.

Alumno/a: _____ Sexo _____ Curso: _____

	NUNCA	A VECES	MUCHO
1. ¿Tienes miedo de asistir al colegio?			
2. ¿Tienes miedo de recibir las notas?			
3. ¿Tienes miedo a algunos compañeros?			
4. ¿Has recibido alguna agresión física?			
5. ¿Has recibido alguna agresión verbal: apodos, burlas, insultos...?			
6. ¿Has sufrido robos, te han escondido objetos...?			
7. ¿Has sufrido alguna agresión social: aislamiento, rechazo...?			
8. ¿Has maltratado tú?			
9. ¿El lugar donde se produce el maltrato es en clase?			
10. ¿El lugar donde se produce el maltrato es en el recreo?			
11. ¿El lugar donde se produce el maltrato es a la salida del colegio?			
12. ¿Cuando sufres un maltrato te callas?			
13. ¿Cuando sufres un maltrato se lo comunicas a tus padres?			
14. ¿Cuando sufres un maltrato se lo comunicas a tus docentes?			
15. ¿Cuando sufres un maltrato se lo comunicas a tus compañeros o amigos?			

16. Si quieres añadir algo en relación con este tema y no se encuentra en las preguntas anteriores, exprésalo a continuación:...

Capítulo III
Prevenir la violencia

Inicia al niño en el camino que debe seguir;
y ni siquiera en su vejez se apartara de él (Prov. 22.6).

Los avances que se han logrado en Salud Pública para el control y prevención de enfermedades y promoción de la salud, se aplican igualmente al problema de la violencia. La intención de las acciones preventivas de salud es evitar que los hechos ocurran o se agraven sus consecuencias. El enfoque de Salud Pública puede sintetizarse así:

1. Caracterizar el problema en sus variables básicas de persona, lugar, tiempo, circunstancias y situaciones conexas.
2. Identificar causas, asociaciones o factores de riesgo.
3. Proponer intervenciones y evaluarlas.
4. Extender las intervenciones a otros sectores y difundirlas.

Clásicamente, la Salud Pública distingue entre:

* *Prevención primaria:* actuaría sobre las causas.
* *Prevención secundaria:* sería la detección e intervención precoz.
* *Prevención terciaria:* la actuación sobre la violencia declarada con medidas de rehabilitación y reeducación.

1. Medidas en Prevención primaria

Consiste en el desarrollo de medidas encaminadas a modificar aquellas situaciones socio-culturales que favorezcan la violencia:

* Sensibilizar al público en general con objeto de que adquiera compromisos con la prevención de la violencia en el contexto escolar.
* Intervención comunitaria que mejore las condiciones sociales que favorezcan la violencia: mejorar las condiciones de hábitat,

desarrollo de guarderías, servicios médicos y psicopedagógicos.
- Establecer programas de intervención desde las guarderías, preescolar y secundaria que favorezcan conductas prosociales.
- Reglamentación que regule la emisión de programas violentos en la TV cuando exista una audiencia mayoritariamente infantil.
- Lucha contra el consumo de drogas.

2. Medidas de Prevención secundaria

Igual que en la situación anterior, en la detección e intervención precoz deben contemplarse una serie de medidas anteriores que las posibiliten. Igualmente, deben implicarse todos los ámbitos que tengan que ver con la familia, servicios de atención al menor y servicios sociales comunitarios.

Sólo un programa que sepa articular estos ámbitos tendrá posibilidades de éxito.

Como medidas generales en el ambiente escolar podemos citar:

- El establecimiento de normas contra la violencia claras, lógicas y de aplicación no arbitraria.
- Desarrollo de programas que enseñen a los alumnos habilidades prosociales.
- Regular las actividades escolares excesivamente competitivas.
- Desarrollar una buena política escolar de promoción de deporte.
- Desarrollar sentimientos de cooperación y solidaridad entre los alumnos.
- Actuación inmediata de los actos violentos encaminando la situación hacia el estamento que mejor pueda resolverla.

3. Prevención terciaria

Diseña cómo actuar cuando la violencia ha aparecido. Existen algunas normas básicas que debemos seguir si queremos que las medidas a tomar sean realmente preventivas: la aplicación de castigos debe ser proporcional a la gravedad del acto violento y basado en:

- Un programa de expulsiones bien articulado.
- El establecimiento y desarrollo de medidas alternativas a la ex-

pulsión definitiva articulándolas con un programa de actuación más general y no como única medida.

- El establecimiento y desarrollo de modalidades escolares alternativas, ya sean transitorias o definitivas.

La "Provención"

Acostumbramos hablar de "prevención de los conflictos" para indicar la necesidad de actuar antes de que estallen (crisis) y se manifiesten en su forma más dura. No obstante, este término tiene connotaciones negativas: no hacer frente al conflicto, no analizarlo ni ir a sus causas profundas. Debido a ello hablaremos de provención como el proceso de intervención antes de la crisis que nos lleve a:

- una explicación adecuada del conflicto;
- el conocimiento de los cambios estructurales necesarios para eliminar sus causas;
- el fomento o promoción de condiciones que creen un clima adecuado y favorezcan relaciones cooperativas que disminuyan el riesgo de nuevos estallidos, solucionando las contradicciones antes de que lleguen a convertirse en antagonismos.

Señales de advertencia tempranas para prevenir la violencia

Una de las reglas cardinales de la prevención es: cuanto más temprano se actúe en la vida de un individuo y/o en el desarrollo de conductas violentas, más efectiva va a ser la acción preventiva.

Las distintas señales de advertencia temprana no son igualmente significativas y no se presentan en orden de gravedad. Las señales de advertencia tempranas incluyen:

• *Retraimiento social.* En algunas situaciones, el retraimiento gradual y eventualmente completo de los contactos sociales puede ser un indicador importante de un niño en problemas. El retraimiento por lo general proviene de sentimientos de depresión, rechazo, persecución, desmerecimiento y falta de confianza.

• *Sentimientos excesivos de aislamiento y soledad.* Las investigaciones han demostrado que la mayoría de los niños que son aislados y que parecen no tener amigos no son violentos. De hecho, estos sentimientos son algunas veces característicos de niños y jóvenes que pueden tener problemas, son retraídos, o tienen problemas internos que les impiden el desarrollo de contactos sociales. Sin embargo, las investigaciones también han demostrado que en algunos casos los sentimientos de aislamiento y la falta de amigos están asociados con niños que se comportan agresiva y violentamente.

• *Sentimientos excesivos de rechazo.* En el proceso de crecimiento y en el transcurso del desarrollo de la adolescencia, muchos jóvenes experimentan rechazo emocionalmente doloroso. Los niños que están en problemas a menudo se aíslan de sus compañeros mentalmente sanos. Sus respuestas al rechazo dependerán de muchos factores de trasfondo. Sin ayuda, ellos pueden correr el riesgo de expresar su tensión emocional en formas negativas, incluyendo la violencia. Algunos niños agresivos que son rechazados por compañeros no agresivos, buscan amigos agresivos quienes, a su vez, refuerzan sus tendencias violentas.

• *Ser una víctima de la violencia.* Los niños que son víctimas de la violencia, incluyendo abuso físico o sexual, en la comunidad, la escuela o el hogar, corren el riesgo de volverse violentos hacia sí mismos o hacia otros.

• *Sentimientos de ser molestado o perseguido.* El joven que constantemente se siente molestado, maltratado, embromado, ridiculizado y humillado en el hogar o la escuela podría en un principio retraerse socialmente. Si no se le brinda la ayuda adecuada para enfrentar estos sentimientos, algunos niños podrían exteriorizarlos de maneras inapropiadas, incluyendo la posibilidad de agresión y violencia.

• *Poco interés en la escuela y bajo rendimiento académico.* El rendimiento escolar bajo puede ser el resultado de muchos factores. Es importante considerar si existe un cambio drástico en el rendimiento o si el bajo rendimiento se convierte en una situación crónica que limita la capacidad de aprendizaje del niño. En algunas situaciones, cuando el niño se siente frustrado, inútil, castigado y denigrado, la dramatización y el comportamiento agresivo se pueden hacer presentes. Es importante medir las razones emocionales y cognoscitivas que hay detrás del cambio en el rendimiento académico para determinar la verdadera naturaleza del problema.

• *Expresiones de violencia por escrito o en dibujos.* Los niños y adolescentes a menudo expresan sus pensamientos, sentimientos, deseos e intenciones en sus dibujos, relatos, poemas y otras formas de expresión escrita. Muchos niños producen trabajos sobre temas violentos que la mayoría de las veces son inocuos cuando se toman en contexto. Sin embargo, una representación exagerada de violencia en escritos y dibujos, dirigida a individuos específicos (familiares, compañeros, otros adultos) consistentemente, puede señalar problemas emocionales y potencial de violencia. Debido a que existe un peligro real en diagnosticar equivocadamente tal señal, es importante buscar la guía de un profesional calificado, como un psicólogo escolar, consejero u otro especialista en salud mental, para determinar su significado.

• *Ira incontrolada.* Cualquiera se enoja; la ira es una emoción natural. Sin embargo, la ira que se expresa frecuente e intensamente en respuesta a incidentes insignificantes puede señalar un comportamiento violento potencial hacia sí mismo o hacia otros.

• *Patrones de comportamiento impulsivo y crónico de bromas pesadas, intimidación y maltrato.* Los niños a menudo participan en actos que involucran brusquedad y agresión moderada. Sin embargo, algunos comportamientos de agresión moderada, como golpear y maltratar a otros constantemente, que ocurren en la etapa temprana de los niños, si no se atienden, podrían convertirse posteriormente en comportamientos más serios.

• *Historial de problemas disciplinarios.* Los problemas crónicos de comportamiento y disciplina tanto en la escuela como en el hogar pueden sugerir que ciertas necesidades emocionales internas no están siendo satisfechas. Estas pueden ser manifestadas en comportamientos dramáticos y agresivos. Estos problemas pueden preparar el escenario para que el niño viole normas y reglas, desafíe a la autoridad, abandone la escuela, y se involucre en comportamientos agresivos con otros niños y adultos.

• *Historial de comportamiento violento.* A menos que sea provisto con ayuda y consejo, un joven que tiene un historial de comportamiento violento está propenso a repetir tal comportamiento. Los actos violentos pueden ser dirigidos hacia otros individuos, expresados en forma de crueldad hacia los animales, o incluso piromanía. Las investigaciones sugieren que la edad en la cual se inician dichos comportamientos, puede ser un factor clave en la interpretación de las señales de advertencia tempranas. Por ejemplo, los niños que se involucran en agresión y drogadicción a temprana edad (antes de los 12 años) tienen más probabilidades de mostrar violencia en el futuro que aquellos que comienzan dichos comportamientos a una edad mayor.

• *Intolerancia por discriminación.* Todos los niños tienen una impresión favorable o desfavorable hacia las demás personas. Sin embargo, un prejuicio intenso hacia otros basado en factores de raza, religión, sexo, orientación sexual, habilidad y apariencia física, cuando se combina con otros factores, puede conducir a asaltos violentos en contra de aquellos percibidos como diferentes.

• *Uso de drogas y alcohol.* Además de ser comportamientos perjudiciales para la salud, el uso de drogas y alcohol reduce la capacidad de controlarse a sí mismo y expone a los niños y jóvenes a la violencia, ya sea como perpetradores, víctimas o ambos.

• *Afiliación a pandillas.*

• *Acceso inapropiado, posesión y uso de armas de fuego.* Los niños y jóvenes que poseen o tienen acceso a armas de fuego, pueden tener un riesgo mayor de involucrarse en la violencia. Las investigaciones han demostrado que estos jóvenes también tienen una probabilidad más alta de convertirse en víctimas. Las familias pueden reducir el uso y acceso, restringiendo, controlando y supervisando el acceso de los niños a las armas de fuego y de otro tipo. Los niños que tienen un historial de agresión, impulsividad u otros problemas emocionales no deben tener acceso a armas de fuego o de otro tipo.

• *Amenazas de violencia serias.* Las amenazas huecas son una respuesta común a la frustración. Alternativamente, uno de los indicadores más confiables de que un joven está propenso a cometer un acto peligroso en contra de sí mismo o de otros, es una amenaza detallada y específica de violencia.

Entre las señales de advertencia inminente se pueden mencionar:

• Peleas físicas serias con compañeros o familiares.
• Destrucción severa de la propiedad.
• Ira severa por razones aparentemente insignificantes.
• Amenazas detalladas de violencia mortal.
• Posesión o uso de armas de fuego o de otro tipo.
• Otros comportamientos de daño a sí mismo o amenazas de suicidio.

Acciones para prevenir la violencia, clasificadas por sector

SECTOR	ACCIONES
Educación	- Programas educacionales que enseñan destrezas para resolver conflictos. - Programas de estudio y textos escolares no sexistas. - Intervenciones a nivel cognitivo (control de la ira, autocontrol cognitivo, razonamiento moral y desarrollo de empatía social). - Mejor ambiente escolar (manejo de alumnos en las aulas, políticas y reglas escolares, seguridad escolar, menos intimidación). - Programas educacionales técnicos, que reducen las tasas de deserción escolar y mejoran las oportunidades para entrar al mercado laboral. - Mayor cooperación con clínicas de salud, policía y departamentos de servicio social. - Programas de mediación entre compañeros.
Salud	- Mayor acceso a servicios de salud reproductiva. - Mejor identificación de víctimas en lugares de asistencia médica. - Mejor registro de víctimas de violencia. - Información sobre la prevención de violencia para mujeres que usan servicios médicos (especialmente los servicios de salud reproductiva). - Programas para reducir el abuso de drogas y alcohol. - Programas que incentiven infantes saludables /madres saludables. - Programas de apadrinamiento entre pares sobre los peligros que conlleva un estilo de vida violento.
Justicia	- Centros alternativos, descentralizados para la resolución de disputas. - Incorporación de actividades de prevención de violencia en proyectos de reforma judicial sectorial. - Leyes o regulaciones que limiten la venta de alcohol durante ciertas horas/días. - Acuerdos nacionales e internacionales para controlar la disponibilidad de armas. - Reformas al sistema judicial para reducir los niveles de impunidad. - Capacitación al sistema judicial sobre el tema de la violencia doméstica.
Policía	- Policía comunitaria orientada a la solución de problemas.

- Capacitación policial, incluyendo capacitación sobre asuntos de violencia doméstica y derechos humanos.
- Mayor cooperación con otras agencias.
- Programas para recuperar las armas en manos de la población civil.
- Mayor índice de casos resueltos y procesados para reducir los niveles de impunidad.
- Programas para evitar la discriminación en el reclutamiento de policías.
- Mejor recolección de información, mantenimiento de registros e informes.

Servicios sociales	- Talleres para parejas sobre cómo resolver conflictos de manera no violenta. - Entrenamiento de habilidades sociales. - Servicios de guardería infantil de buena calidad y confiables. - Programas de tutelaje para adolescentes de alto riesgo. - Programas para enseñar a ser buenos padres (incluyendo el establecimiento de límites, mediación y resolución no violenta de conflictos). - Servicios comunitarios integrados (por ej., centros de recreación).
Medios de comunicación	- Campañas de comunicación para cambiar las normas sobre la violencia. - Reducción en la programación violenta, especialmente en la programación para niños. - Entrenamiento de periodistas en lo relativo a reportajes sobre crímenes. - Programas de capacitación para los medios de comunicación.
Desarrollo urbano / Vivienda	- Incorporación de temas de seguridad relativos a programas para la construcción de viviendas, mejoramiento de vecindarios (alumbrado público en las calles, configuración de espacio, parques, etc.). - Infraestructuras para deportes y recreación. - Infraestructura para organizaciones vecinales.
Sociedad civil	- Capacitación de organizaciones no gubernamentales para cooperar y monitorear los esfuerzos de reforma de la policía. - Apoyo del sector privado a las iniciativas para prevenir la violencia. - Subsidio/financiamiento de organizaciones no gubernamentales para proveer asistencia en las etapas tempranas de desarrollo del niño. - Programas para jóvenes de alto riesgo. - Involucramiento por parte de la iglesia y de otros grupos de

la comunidad para cambiar las normas prevalecientes sobre violencia.

(Fuentes: Dahlberg (1998); National Center for Injury Prevention and Control (1993); Rosenberg and Mercy (1991) citados en "La violencia en América Latina y el Caribe: un marco para la acción", BID 1999).

Prevención y proyectos educativos

El rechazo a la violencia y el poder organizar la institución para favorecer su prevención deben orientar los proyectos educativos, guiados entre otros por los siguientes objetivos (Lucini, 1993):

1. Descubrir, sentir, valorar y vivir con esperanza las capacidades personales como realidades y como medios eficaces que podemos poner al servicio de los demás y que pueden contribuir a un desarrollo positivo y armónico de la vida y del humanismo.
2. Reconocer y valorar la propia agresividad como una forma positiva de autoafirmación de la personalidad, y ser capaz de canalizarla, permanentemente, hacia conductas y actividades que promuevan y favorezcan el bien común.
3. Desarrollar la sensibilidad, la afectividad y la ternura en el descubrimiento y en el encuentro con las personas que nos rodean, tanto a un nivel próximo, como a un nivel más universal.
4. Construir y potenciar relaciones de diálogo, de paz y de armonía en el ámbito escolar y, en general, en todas nuestras relaciones cotidianas.
5. Reconocer y tomar conciencia de las situaciones de conflicto que pueden presentarse, descubriendo y reflexionando sobre sus causas y siendo capaces de tomar decisiones, frente a ellas, para solucionarlas de una forma creativa, fraterna y no violenta.

Indicadores y señales de advertencia

Existen una serie de **indicadores** que sirven para reconocer alumnos en riesgo de cometer actos violentos, así como una serie de **señales** previas a su manifestación. Por eso es importante tenerlas presentes en cualquier programa de prevención escolar.

Como indicadores precoces de alumnos en riesgo, podemos incluir aspectos como:

- Alumnos que manifiestan con frecuencia episodios de ira incontrolada.
- Alumnos con patrones de comportamiento impulsivo y bromas pesadas, intimidación y maltrato.
- Historial previo de problemas de indisciplina.
- Historial previo de conductas violentas.
- Intolerancia a las diferencias y actitudes prejuiciosas.
- Pertenencia a pandillas.
- Amenazas de violencia.

¿Cuáles serían las señales de advertencia que nos obliguen a un seguimiento más cuidadoso?

- La aparición de peleas con los compañeros y /o los familiares.
- La destrucción de material de los compañeros o la escuela.
- Conductas explosivas de ira importante por razones poco significativas.
- Amenazas reiteradas de violencia.
- Posesión de objetos que pueden ocasionar violencia (navajas, palos, cadenas o cualquier otro...).
- Otros comportamientos o amenazas de hacerse daño a sí mismo o de suicidio.

Todos los aspectos anteriormente señalados tienden al concepto de **"escuela segura"** que podría definirse como *aquel que mantiene una buena supervisión de acceso a la escuela, en donde la* ratio *alumnos /profesores es correcta, los ajustes de horarios tienden a minimizar el tiempo muerto en pasillos o lugares potencialmente peligrosos y con una asistencia eficiente durante los recreos.* Estos aspectos deben complementarse con la prohibición de la salida de los alumnos de la escuela sin una causa que lo justifique y acompañados por sus padres, la prohibición de reuniones sin supervisión en lugares potencialmente proclives a la trasgresión de las normas, conjuntamente con una vigilancia efectiva de los alrededores de la institución y coordinación con la policía para asegurar un entorno seguro.

Para que la intervención preventiva sea operativa y eficaz es importante que:

- la responsabilidad sea compartida, estableciendo vínculos positivos entre el alumnado, el colegio, la familia y, en definitiva, la comunidad en donde se encuentra;
- la comunicación con los padres debe ser sincera, clara, objetiva. Se los debe escuchar e informar cuando sean observadas señales de advertencia en sus hijos;
- se debe respetar la confidencialidad de las familias respecto de sus asuntos privados, sin adoptar ni actitudes ni sugerencias que puedan ser interpretadas como una ingerencia en tales asuntos.

El responsable de programa de prevención, debería transmitir a los padres una serie de sugerencias que faciliten la operatividad del mismo:

- Que hablen con sus hijos acerca de la conveniencia de los programas de disciplina.
- Que animen e involucren a sus hijos en el cumplimiento del mismo.
- Hablar con sus hijos sobre la violencia en TV, videojuegos etc.
- Que les enseñen la conveniencia de resolver pacíficamente los problemas.
- Animarles a que enseñen a sus hijos a expresar la frustración y la ira de forma no violenta o peligrosa para los demás.
- Enseñarles a tolerar las diferencias.
- Generar mecanismos que les faciliten el poder pedir ayuda y orientación si fuera necesario.
- Animarlos a que consulten si sus hijos manifiestan preocupaciones sobre amenazas o acciones violentas.
- Si existen grupos juveniles de prevención de la violencia, que participen.
- Que los padres participen en las charlas que se desarrollen con relación a la violencia escolar.

Respecto a cómo gestionar la aplicación de medidas, estas deberían ser ejecutadas sin demoras y generalizadas a otros contextos, ya que insistimos en que no deben limitarse a la escuela.

PROGRAMAS DE PREVENCIÓN

Tipos de Programas Preventivos

Para la presente clasificación de los Programas de Prevención, utilizamos la clasificación de Joaquín Díaz Atienza:

1. Programa de Intervención-sanción.
2. Programas de Conducta esperada.
3. Programas de Detección-Prevención.
4. Programas de Orientación comunitaria.

1. Los Programas de Intervención - sanción (tipo – I) son de naturaleza reactiva. Se actúa cuando un individuo emite una conducta violenta y se basan en el principio de que la mejor forma de prevenir la violencia escolar es hacer saber que un determinado acto de indisciplina frente a un código de conducta conlleva una consecuencia. Es la filosofía de los denominados programas de "Tolerancia Cero", estrategias punitivas y castigo como formas de disuasión del comportamiento violento.

2. Los Programas de Conducta esperada (tipo – II) se basan en el principio de que cuando existen unas reglas de convivencia justas, que se han hecho explícitas y son equitativas, se impide la conducta inaceptable. Estos programas, aunque contemplan consecuencias, comportan una actitud preventiva.

3. Los Programas de Detección / Prevención (tipo – III) implican una política de detección precoz de las causas que producen la violencia a través del desarrollo de actividades que reduzcan la violencia y favorezcan relaciones interpersonales positivas. Se basan en el principio de que "el conflicto es inevitable", por tanto, hay que enseñar a los alumnos a saber reaccionar positivamente ante situaciones potencialmente conflictivas.

4. Los Programas de Orientación comunitaria o proactivos (tipo – IV) parten del supuesto de que los orígenes profundos de la violencia están fuera de la escuela, ya que la escuela no es en sí misma una estructura violenta sino que la violencia es traída a la institución por los docentes y los alumnos. Se basan en el Modelo de Salud Pública, implican una coordinación con instituciones y programas externos al colegio. Como acciones preventivas proponen métodos de enseñanza que favorezcan la implicación de alumnos y profesores en la resolución de conflictos. Suelen ser multidimensionales y requieren que sean aceptados por la población de riesgo; se encuentran integrados en la política general educativa, sanitaria y social.

Aspectos que se encuentran en la mayoría de los Programas de Prevención y Mejora de la Convivencia Escolar
(adaptado de la Federación de Enseñanza de CC.OO, Madrid, 2001)

1. Revisión de la situación de la escuela en cuanto a convivencia se refiere

- Definición de instrumentos a aplicar en los diferentes ámbitos de la comunidad.
- Identificación del los principales problemas de convivencia.
- Análisis de sus orígenes.
- Frecuencia.
- Lugares donde ocurren.
- Respuesta dada a estas situaciones.
- Repercusión de los conflictos en los diferentes sectores de la comunidad educativa.
- Clima relacional de la escuela.
- Papel que juegan las normas de convivencia y las sanciones.

2. Concientización de la comunidad educativa ante la necesidad de actuar educativamente y una preparación ante los cambios

- Motivación para iniciar el trabajo.
- Clarificación inicial del tema desde el punto de vista práctico partiendo de la situación de la escuela.
- Visión estratégica: metodología de procesos y procedimientos de colaboración: ventajas y limitaciones de trabajar con este enfoque, de dónde surge, qué otras experiencias existen al respecto.
- Creación del grupo de apoyo al trabajo del grupo.
- Asunción de compromisos en cuanto a espacios y tiempos que van a dedicarse.
- Definición del papel de los asesores, si los hubiera, en el proceso de mejora de la escuela.

- Abordar las resistencias y dudas que pudieran producirse en el grupo.

3. Adoptar medidas para la efectiva democratización de la vida en la escuela.

Participación activa del alumnado

Los objetivos de la adopción de estas medidas son:

- mejorar la relación entre educadores y alumnos, así como entre los propios alumnos;
- debilitar las barreras entre el grupo de docentes y el grupo de alumnos, procurando un acercamiento entre ambos;
- facilitar la integración de los alumnos;
- procurar la identificación de los alumnos con un grupo de referencia y con la institución;
- facilitar la aceptación por parte de todos de las normas establecidas democráticamente asumiendo un concepto más cercano a una comunidad.

4. Regulación democrática de los conflictos

La elaboración consensuada y activa de las **Normas de convivencia**, constituye una de las pautas fundamentales para definir un clima de convivencia en el aula y en la escuela.

La mediación constituye una estrategia para la resolución de conflictos entre dos partes cuando dichas partes no han sido capaces de resolverlos por sí solas. Para ello es necesario que acuerden recurrir a una mediación, que haya un equipo de mediadores entrenado en esta técnica y que las partes lo acepten.

Así, la mediación requiere:

- Considerar el conflicto como algo positivo, consustancial al ser humano y su vida social.
- El diálogo es la alternativa a otras repuestas de carácter punitivo.
- La cooperación entre las partes hace que todos ganen.
- La socialización que se genera favorece la autonomía y el autocontrol.
- Cada parte asume un protagonismo y su compromiso.

Técnicas de resolución pacífica de conflictos. Conviene tener presente siempre presente que el conflicto es un desacuerdo o disputa entre dos o más personas y que es una parte natural de la vida. Todo el mundo experimenta conflictos.

- Hay muchos aspectos negativos en el conflicto, pero también los hay positivos.
- Hay conflictos destructivos y constructivos.
- Es importante identificar un conflicto para averiguar cuáles son las conductas más apropiadas para solucionarlo.

5. Favoreciendo la integración de todos

Favorecer la integración es una tarea que bien puede considerarse como un objetivo en todo centro docente. Este hecho se impone aún con más necesidad en un contexto de gran diversidad como en el que trabaja la escuela pública en estos momentos.

La reivindicación de una intervención a favor de la convivencia proviene de la circunstancia, ya expuesta anteriormente, de que son precisamente los alumnos y alumnas menos integrados en la vida escolar los que corren más riesgo de incurrir en actitudes violentas o comportamientos incorrectos e incluso predelictivos.

El aprendizaje cooperativo en grupos heterogéneos. Es un método de trabajo tanto para los temas transversales de Educación en Valores y Educación para la Convivencia como para las otras áreas de aprendizaje. Lo profundizaremos en el capítulo cuatro, pero podemos mencionar que busca la obtención de mejoras, tanto en el aprendizaje como en la integración de alumnos parcial o totalmente marginados y en la interacción entre iguales y con el docente. Constituye el reverso de la educación de carácter competitivo.

En el trabajo cooperativo:

- Se trabaja la autoestima.
- Se favorece el aprendizaje (grupos cooperativos, atención a la diversidad).
- Se distribuyen equitativamente las oportunidades para el protagonismo.
- Se elimina la rigidez en el currículum.
- Se promueven actividades extraescolares y complementarias con métodos cooperativos.

- Se trabaja con las familias en el apoyo escolar a sus hijos /as.

6. Participación de los padres y madres en la educación de sus hijos

- Ayudándoles a conocer las características de sus hijos e hijas desde una perspectiva evolutiva.
- Colaborando con ellos en la resolución positiva de conflictos que puedan generar ambientes familiares violentos.
- Ayudándoles a que tomen conciencia de cómo algunas actitudes pueden influir positiva o negativamente en la educación de sus hijos /as (comportamientos autoritarios, expectativas, refuerzos positivos...).
- Haciéndolos conscientes de las formas en que pueden colaborar en crear condiciones que favorezcan el aprendizaje de sus hijos.
- Convirtiéndolos en colaboradores activos de las acciones de la escuela en favor de la convivencia.

7. Intervenciones en el currículum transmitidas con metodologías participativas

Educación en valores y temas transversales. Deben impregnar el currículum en su conjunto. Se concretan en casi todas las áreas de conocimiento, ya que estas normalmente se relacionan con alguno de los ejes transversales. Se trataría de provocar cambios en el alumnado no sólo en cuanto a su información sino también en su visión emocional de ciertas cuestiones y en su comportamiento. Una vez acordados en el equipo docente, pueden ser incorporados al Proyecto Curricular y a partir de allí a las programaciones de área, al Proyecto de tutoría y al Plan de formación de los docentes, además de impregnar las Normas de convivencia.

Técnicas para el desarrollo de capacidades socio-personales:

a) De comunicación: escuchar, fomentar la empatía, ser positivo.

b) Habilidades sociales: hacemos referencia acá a la toma de perspectiva, negociación, asertividad, solución de problemas interpersonales, cooperación y ayuda entre compañeros.

c) Toma de decisiones

- Estrategias para prevenir el racismo y la xenofobia.
- Estrategias para prevenir la violencia de género.

8. Medidas de coordinación con municipalidades, ONGs y otras entidades de carácter social y/o educativo

Por ser el origen de los problemas de convivencia de naturaleza multicausal, es razonable que se plantee una actuación complementaria coordinada con diferentes entidades. De esta manera se pueden abordar problemáticas familiares, actividades impartidas por especialistas en tiempo libre, refuerzos educativos, gestión de ayudas a la escolaridad, atención sanitaria, etc.

Instrumento para la autorrevisión de los problemas de convivencia y disciplina (Docentes)

Valora según el grado de acuerdo con la idea expresada en cada uno de los comentarios o ideas que se presentan a continuación, en relación con diversos aspectos y dimensiones de los problemas de convivencia y disciplina en la escuela. No se trata de dar con la respuesta más correcta ni tampoco de acertar desechando las supuestamente incorrectas. Estamos más bien ante un instrumento para facilitar la reflexión individual sobre las propias ideas y puntos de partida respecto de los distintos asuntos de un tema tan complejo como la convivencia en nuestras escuelas. Así, sobre cada una de las ideas siguientes, te pedimos que decidas si estás...

TDA: Totalmente de acuerdo (1)
DA: De acuerdo (2)
NLC: No lo tengo claro (3)
ED: En desacuerdo (4)
TEC: Totalmente en contra (5)

1. Los medios de comunicación son los principales responsables de que se exageren y sobredimensionen los problemas de convivencia en las escuelas.

2. El Ministerio de Educación ni se toma en serio el tema, ni desarrolla planes adecuados para la asegurar una buena convivencia en las escuelas.

3. Las autoridades escolares de la provincia son los responsables máximos de la nueva dimensión que han tomado los problemas de convivencia al no poner los medios adecuados y los apoyos con nuevos profesionales (auxiliares, orientadores, psicopedagogos, trabajadores sociales) y planes de apoyo a familias.

4. Si un barrio dispone de una actividad sociocultural propia y coordina desde las asociaciones educativas juveniles y culturales la vida del mismo, tiene asegurada una mejora de la convivencia en su entorno y en la propia escuela.

5. Las cosas que pasan en el barrio no incumben a la vida escolar, que debe planificarse y evolucionar con independencia de las características del barrio y de lo que allí pase.

6. Un barrio con una buena planificación policial que vigile y controle los alrededores de las escuelas es la base de la solución de los problemas de convivencia.

7. El asociacionismo juvenil, que puede y debe ser dinamizado desde la escuela, es la base para una alternativa propia a la convivencia y la disciplina en educación.

Las familias   1-2-3-4-5

1. Los padres han hecho renuncia de su autoridad y abandonan la formación humana de sus hijos, transfiriendo a la escuela esa responsabilidad.

2. El alumnado con problemas de convivencia y disciplina proviene, en su gran mayoría, de familias desestructuradas que también los tienen.

3. La falta de contacto de las familias con la escuela es el problema básico que impide mejorar la conducta de los alumnos.

4. Las asociaciones de padres y madres deben desarrollar planes específicos de autoformación y comprometerse con la organización y las acciones de la escuela para prevenir los problemas de convivencia y dinamizar la vida educativa.

5. Los problemas de relación entre los docentes y las familias son el principal obstáculo para la mejora de la convivencia escolar.

6. Ante la ruptura de la célula familiar clásica, es urgente construir en las escuelas un nuevo papel dinamizador de la convivencia y la disciplina.

Reacción ante el conflicto	1-2-3-4-5

1. Trato de defender mis criterios sobre lo que se debe hacer para resolver los problemas de convivencia y sobre cómo se debe llevar a cabo.

2. Trato de evitar mi intervención en los problemas de convivencia e indisciplina porque entiendo que no son de mi incumbencia.

3. Intento llegar a acuerdos en relación con los problemas de convivencia de forma que se satisfagan mis planteamientos y expectativas y las de los demás.

4. Ante la dificultad de la solución de los problemas de convivencia, acostumbro confiar en el punto de vista de los demás o del propio equipo directivo.

5. Creo que la solución a la convivencia y la disciplina pasa necesariamente por conseguir una línea de actuación conjunta a través de un trabajo coordinado y planificado entre todos.

6. Sólo confío en mis convicciones y mis puntos de vista para solucionar los problemas de convivencia y disciplina en el aula y en la escuela.

Los docentes	1-2-3-4-5

1. Los docentes de la escuela solucionan los problemas de convivencia desde el plan individual que cada uno aplica en su aula.

2. Disponemos de Normas de disciplina y convivencia que se elaboran desde el equipo directivo y aprueban los docentes sin la participación de otros sectores.

3. Aunque sea inconscientemente, algunos docentes estamos –o están– generando problemas de disciplina y convivencia tan sólo con nuestra forma de enseñar.

4. La falta de preparación especializada de los docentes en estos temas es determinante a la hora de abordar los problemas de disciplina.

5. En materia de convivencia en la escuela, nuestro peor enemigo es la falta de coordinación que existe entre nosotros y la falta de consistencia en las decisiones que se toman cada día.

6. Los docentes deben trabajar con el alumnado, desde cada aula, una normativa que se refleje en las Normas de disciplina y convivencia y sea consensuada con todos los sectores de la comunidad educativa.

Características del alumnado   1-2-3-4-5

1. El alumnado actual que provoca problemas de disciplina sólo se siente motivado por temas externos a la enseñanza de la escuela.

2. Los alumnos se aburren porque en realidad no somos capaces de ofrecerles un modelo de aprendizaje motivador donde se sientan partícipes.

3. La indisciplina y las agresiones no son otra cosa que expresiones alternativas de lo que les ocurre a los alumnos. Son su manera de "comunicarse" y, desde luego, su manera de ejercer poder.

4. Es importante conocer las características psicológicas propias de la edad de los alumnos para poder interpretar y hacer frente a los problemas y conflictos de convivencia.

5. Hay alumnos que sufren maltrato continuado por parte de sus compañeros y nosotros, o no nos damos cuenta, o miramos para otro lado.

6. Los alumnos que ven que los temas de enseñanza conectan con sus intereses y /o participan en su planificación, en general ofrecen muchos menos problemas de convivencia escolar.

EGB 3 y Polimodal   1-2-3-4-5

1. Si no tuviéramos que tener a todo el alumnado junto, y hubiera divisiones de aulas según el nivel de rendimiento, los problemas de disciplina se resolverían en gran parte.

2. El papel de la escuela pública (estatal o privada) es atender la diversidad del alumnado garantizando al mismo tiempo la igualdad de oportunidades educativas.

3. Los problemas de convivencia y disciplina se generan exclusivamente por tener obligados en las aulas a algunos alumnos a los que no les interesa estudiar.

4. Los problemas de convivencia y disciplina serían hoy los mismos, aun dividiendo y clasificando las aulas por rendimiento académico de los alumnos.

5. Las medidas de atención a la diversidad son insuficientes para solucionar los problemas básicos de disciplina y convivencia de las escuelas.

6. Los problemas de disciplina y convivencia se resolverían en buena medida, si las escuelas contaran con profesionales especializados en el trabajo educativo y formativo con los grupos de alumnos que hoy nos resultan conflictivos.

7. Los problemas de disciplina y convivencia se solucionarían básicamente con más medios y materiales en las escuelas.

8. Los problemas de disciplina y convivencia se solucionarían con rapidez mejorando las condiciones de trabajo de los docentes y con menos horario lectivo.

9. Aunque es necesario mejorar las condiciones y medios de trabajo en las escuelas, es urgente –y posible– tomar iniciativas desde la situación actual y trazar planes de mejora con los medios y los recursos disponibles.

10. Si se apoyara especialmente a las escuelas y barrios, disminuiría la cantidad de conflictos graves y el tratamiento sensacionalista de los medios de comunicación, lo que permitiría trabajar la disciplina y la convivencia en las escuelas con mayor tranquilidad y menor presión exterior.

Los problemas de la convivencia   1-2-3-4-5

1. El docente es la víctima fundamental de los problemas de convivencia de una escuela.

2. El alumnado padece más que nadie las problemáticas de convivencia y disciplina en una escuela, lo que repercute seriamente no sólo en su rendimiento académico sino en el desarrollo de su personalidad.

3. Las familias sienten especialmente los problemas de convivencia de la escuela, y relacionan la eficacia y la calidad del mismo con el grado en que tales problemas están resueltos y con el tipo de clima de aprendizaje que logran construir.

4. Después de algunos años de experiencia, uno tiene la sensación de que tanto las familias como los docentes no nos enteramos del "mar de fondo" que existe en la escuela en cuanto a los conflictos de convivencia.

5. A pesar de los esfuerzos internos de la escuela, la solución final de los problemas de convivencia depende de soluciones externas que la propia institución no puede controlar.

6. Es urgente y necesario detectar de forma ordenada cuáles son los problemas reales de convivencia, categorizarlos y realizar la planificación para poner en marcha desde la escuela soluciones reales y prácticas.

La escuela y su organización   1-2-3-4-5

1. Las escuelas deberían asumir la planificación de la convivencia como una tarea básica de la que depende la organización de la vida educativa.

2. La organización de la escuela debe estar en función de las necesidades que marque la diversidad del alumnado, lo que se le debe enseñar y cómo hacerlo de manera que les llegue y los motive.

3. La planificación y organización de la escuela viene dada por las resoluciones del gobierno educativo y las normativas legales, por lo que no pueden intentarse otros modelos alternativos.

4. El equipo docente es el eje motor de la escuela del que depende básicamente la mejora de la convivencia y la disciplina.

5. La integración de la escuela y sus docentes en la vida del barrio y de las familias puede permitir avances muy importantes para la solución de problemas de convivencia.

6. Las Normas de convivencia y el Consejo Escolar (si lo hubiera) son las estructuras básicas de las que depende la convivencia y la organización de la vida de la escuela.

El currículum de la escuela   1-2-3-4-5

1. La escuela dispone de un proyecto educativo en el que la convivencia y los valores de la ciudadanía responsable aparecen en teoría pero no son trabajados de forma organizada en la vida diaria del aula.

2. La falta de criterios medodológicos y de evaluación comunes de una escuela está en la raíz de la desmotivación del alumnado y del aumento de problemas de convivencia en las instituciones educativas.

3. Con los medios y condiciones de trabajo actuales de las escuelas no puede modificarse el qué enseñamos y cómo enseñamos.

4. Si no se hace un esfuerzo importante por integrar los contenidos de las diferentes áreas en proyectos comunes que se relacionen con la práctica y hagan significativo el aprendizaje, buena parte del alumnado actual tendrá problemas graves para sentirse atraído por la tarea escolar.

5. Con un currículum teórico que no integre las culturas urbanas, rurales, etc., según el contexto de la escuela, no se puede motivar al alumnado.

6. Todos los alumnos deberían recibir un currículum básico y común aunque el nivel de abstracción y profundidad del tratamiento deba respetar los niveles de diversidad de cada escuela, cada aula y el desarrollo individual.

Ámbitos de mejora de la convivencia de la escuela   1-2-3-4-5

1. Obtener un conocimiento más ajustado del alumnado que permita una mejor respuesta educativa.

2. Introducir cambios en el currículum escolar, haciéndolo más inclusivo y democrático y reconstruyéndolo en torno a los valores de la convivencia.

3. Estimular y consolidar el funcionamiento del grupo-clase, especialmente a través de normas de comportamiento en el aula y la escuela.

4. Favorecer la colaboración de las familias con la escuela participando en los procesos relativos a los temas de convivencia.

5. Tomar medidas que afronten la influencia del contexto social cercano del alumnado.

6. Revisar y mejorar las estrategias docentes de gestión del aula: interacción verbal, discurso docente, estilo motivacional y reacción inmediata a la indisciplina.

7. Desarrollar en todos los miembros de la comunidad educativa habilidades sociales de comunicación y resolución de conflictos.

8. Crear instrumentos y estructuras en el nivel institucional de la escuela para promover una convivencia más racional y saludable (grupos de mediación de conflictos, defensor del estudiante, asociaciones , centro de estudiantes, actividades voluntarias, campañas...).

9. Trabajar con normas de convivencia en la escuela y criterios comunes de seguimiento y evaluación ante los incumplimientos, desarrolladas en procesos que surjan desde las aulas.

10. Garantizar las condiciones mínimas de seguridad en la escuela: seguridad física y respuestas específicas ante situaciones graves.

Habilidades y estrategias para enfrentar mejor los conflictos (Cascón, 2001)

1. Desarrollo de la confianza: técnicas y juegos para crear un clima de confianza en nosotros mismos y en los demás, permitiéndonos enfrentar los conflictos sin miedo, confrontando, dirigiéndonos a las personas directamente.

2. Trabajar la autoestima. Técnicas y juegos que nos permitan desarrollar el propio autoconcepto y el de los demás, descubriendo, valorando y sacando a la luz para el reconocimiento, también por parte de los demás, de todas aquellas potencialidades que tenemos. Esto va a permitir reconocer y utilizar nuestras bases de poder, permitiéndonos enfrentar mejor los conflictos, ya que tendremos recursos suficientes para equilibrar el poder en aquellas situaciones donde hay un gran desequilibrio que está imposibilitando negociar y colaborar en la búsqueda de soluciones mutuamente satisfactorias. En este sentido debemos trabajar no sólo los valores individuales, sino también los valores colectivos.

3. Trabajar la comunicación y la toma de decisiones: juegos y dinámicas que nos permitan desarrollar una comunicación efectiva que realmente nos posibilite dialogar y escucharnos de una forma activa. Técnicas que permitan un reparto justo de la palabra, que desarrollen diversos canales de comunicación que nos permitan no sólo transmitir las ideas, sino las emociones y sentimientos presentes en todo conflicto. Técnicas que nos permitan aprender a tomar decisiones consensuadas, de forma igualitaria, participativa y no sexista. Para poder aprender esto hay que ponerlo en práctica, y esto supone ceder parcelas de responsabilidad/poder y dar espacios para tomar decisiones.

4. Trabajar la cooperación: técnicas que nos enseñen a enfrentar los conflictos entre todos, que nos permitan descubrir e interiorizar que la diferencia es un valor y una fuente de enriquecimiento mutuo, y que nos permitan considerar al otro no como un enemigo porque piensa o es diferente de mí o se puede convertir en un obstáculo para mis fines.

- Herramientas de análisis y de desarrollo de la creatividad a la hora de buscar nuevas soluciones

* **Técnicas de visualización:** se trata de técnicas que nos permiten visualizar los conflictos con unas características propias:

- Tener en cuenta no sólo el aspecto racional sino también el emocional; los sentimientos son los que tienen más importancia a la hora de marcar una percepción y una postura en el conflicto.
- "Alejarnos" a una cierta distancia, que nos permita ver las diferentes percepciones con menos apasionamiento.
- Ponernos en el lugar de las otras personas y de las otras percepciones del conflicto, para comprenderlos y tener una idea más completa del conflicto, así como desarrollar una cierta empatía que nos predisponga mejor no sólo a entender qué siente la otra persona, sino a buscar soluciones satisfactorias para ambos. En casos de conflictos alejados, nos permiten que nos acerquemos y los consideremos como propios, motivándonos a tratarlos y a descubrir que vivimos en un solo mundo y que tenemos responsabilidades y cosas que hacer en la solución de esos conflictos.
- Intentar soluciones y aprovechar al máximo las potencialidades del grupo en el que estemos trabajando. Desarrollar la imaginación y animarnos a pensar que no hay una única.

Entre las técnicas de visualización podemos destacar:

- **Juego de roles:** se plantea una situación de conflicto y se elige a unas personas que jugarán los roles del los protagonistas de la situación. Se juega en tiempo real, y evitando al máximo toda simulación y dramatización. Es muy importante el papel de las personas que observan desde afuera, anotando todo lo que ven: frases significativas, actitudes y respuestas que agudizan y que moderan el conflicto, cómo se comunican, etc. La observación tiene que evitar todo lo que sean juicios de valor y/o opiniones de los observadores. Los juegos de roles tienen que evitar caer en el psicodrama.
- **Juego de simulación:** a diferencia de los juegos de roles, no funciona en tiempo real sino simulado sobre la base de reglas prefijadas. Estos juegos se utilizan para trabajar con estrategias a

mediano y largo plazo, donde podamos poner en juego y contrastar los posibles problemas y analizar conflictos de grandes dimensiones.

- **Dramatizaciones:** escenificamos la situación de conflicto que queremos trabajar, permitiendo que el resto del grupo la vea desde fuera. A partir de un determinado momento se da la posibilidad a los espectadores que sustituyan a los actores que quieran y ensayen posibles alternativas o soluciones a la situación planteada.
- **Marionetas:** es un medio más cercano y fácil de utilizar con los niños más pequeños. Planteamos la situación de conflicto haciendo una pequeña obra que la represente pero que no tenga final. La elaboración del final o finales de la historia, nos llevará a la búsqueda de posibles soluciones al conflicto planteado.
- **Mapas de conflictos:** son esquemas detallados que nos dan una dirección a través de preguntas concretas, que nos permiten considerar, analizar e intervenir en todos los aspectos del conflicto, haciéndolo así más manejable.

En el cuadro se puede observar a la izquierda los temas a trabajar con el alumnado y a la derecha las implicaciones que tiene para el profesorado (Cascón F., *Educar en y para el conflicto*, Cátedra UNESCO, 2001).

El conflicto fortalece

Hemos insistido a lo largo de este capítulo que el conflicto no sólo es inevitable sino que puede fortalecer a nuestros hijos, a nuestros alumnos, haciendo surgir de ellos sus mejores cualidades. Una mariposa sale del capullo mediante una verdadera lucha. Si abriéramos el capullo para ahorrarle ese esfuerzo, la nueva mariposa moriría enseguida. Esa lucha es necesaria para desarrollar la fortaleza de sus alas; sin ella, la mariposa nunca volaría.

El proceso de crecimiento, de desarrollo, implica que habrá momentos que se constituirán en verdaderos desafíos. Así, aprender a captar las limitaciones, responder sin violencia, escuchar y comprender a los demás, saber perdonar, aplazar la gratificación, como otras tantas habilidades, necesitan de amor y apoyo. Seríamos muy optimistas (o ingenuos) si pensáramos que con un curso de resolución de conflictos, el niño o el adolescente enfrentará luego eficazmente las dificultades que se le presenten.

En "Los niños vienen del cielo", John Gray (2001) nos propone que tengamos en cuenta que los niños:

- No pueden aprender a perdonar a menos que haya alguien a quien perdonar.
- No pueden desarrollar la paciencia o aprender a aplazar la gratificación si les damos todo lo que quieren, y cuando quieren.
- No pueden aprender a aceptar sus propias imperfecciones si toda la gente de su entorno es supuestamente perfecta.
- No pueden aprender a cooperar si siempre les sale todo bien.
- No pueden aprender a ser creativos si todo se les da hecho.
- No pueden aprender a ser compasivos y respetuosos a menos que también sientan el dolor y la pérdida.
- No pueden aprender a ser valientes y optimistas a menos que se enfrenten a la adversidad.
- No pueden desarrollar la tenacidad y la fuerza de voluntad si todo es fácil.
- No pueden aprender a corregirse a menos que se encuentren con dificultades, experimenten el fracaso o cometan errores.
- No pueden sentir autoestima o un orgullo sano a menos que superen obstáculos para conseguir algo.
- No pueden desarrollar la autosuficiencia a menos que experimenten la exclusión o el rechazo.
- No pueden autodirigirse a menos que tengan la oportunidad de resistirse a la autoridad y/o no conseguir lo que quieren.

> **El desafío y los dolores del crecimiento no sólo son inevitables, sino también necesarios.**

Capítulo IV
Desaprender la violencia

Como todos los valores, la comunión y la solidaridad no son un hecho instintivo y natural. Natural es más bien la búsqueda de uno mismo, el egocentrismo, el individualismo, a los que estamos fácilmente inclinados, a causa de nuestra debilidad. El espíritu de comunión, en cambio, requiere aprendizaje, con reglas precisas, tiempos largos y etapas bien definidas; exige una estrategia educativa, que tiene sus ritmos y sus espacios... (P. Pascual Chávez V. Sdb, Aguinaldo, 2003).

Como hemos insistido a lo largo de todo el libro, la violencia es un comportamiento aprendido y los valores, actitudes y destrezas interpersonales que se adquieren a temprana edad constituyen un factor preponderante para su desarrollo. Se considera a menudo que los niños de nivel preescolar y primario son sujetos ideales para intervenciones que promueven la no violencia y el mejoramiento de la capacidad para resolver conflictos, debido a que las tendencias agresivas o no agresivas de una persona pueden establecerse en la primera infancia, y como bien sabemos, "violencia que entra, violencia que sale".

La violencia no crea sino más violencia, por todas las consecuencias traumáticas y dolorosas que provoca, y no puede haber ganadores. Por lo tanto, la tarea de todas las comunidades será deconstruir la violencia, transformando el conflicto y utilizando su energía en todos los ámbitos sociales y culturales modificando las relaciones de tensión que la originan.

Educar para la convivencia

Después de todo lo que hemos analizado a lo largo de los distintos capítulos, nos preguntamos:

- ¿Cómo educar en la convivencia teniendo en cuenta los valores que se cotizan en nuestra sociedad?

- ¿Cómo potenciar la resolución de conflictos de manera no violenta si en muchas ocasiones la sociedad los resuelve violentamente?
- ¿Es posible que la escuela pueda fundamentar el ponerse en el lugar del otro, cuando la intolerancia, la falta de solidaridad y la apatía impregnan la vida diaria?
- ¿Es posible hacer entender a los niños y los jóvenes que en la convivencia diaria los docentes quieren lo mejor para ellos, en momentos en que se deteriora continuamente su imagen?

Evidentemente estas preguntas surgen de las tensiones e incoherencias con las que nos encontramos a la hora de educar, y no estamos hablando solamente de la educación para la convivencia, sino de cualquier valor.

> *Convivir es, ante todo, compartir, participar en la vida ajena y hacer partícipe al otro de la propia*

El lugar de las relaciones interpersonales en la escuela

Las relaciones sociales de calidad tienen una consecuencia directa sobre la calidad de la tarea que se desarrolla en la escuela. Las relaciones sociales entre los docentes, así como entre los alumnos, se conceptualizan en términos de clima social. Un buen clima en una escuela supone la base sobre la que se pueden alcanzar objetivos significativos en el aprendizaje de los alumnos, en su formación humana, y en el propio desarrollo profesional de los docentes.

Sostenemos la idea de que una de las dificultades más comunes que encuentra la escuela para cumplir los objetivos de una educación de calidad, es la existencia de problemas en las relaciones interpersonales, problemas que suelen ser, como hemos visto al tratar la violencia escolar, de dos tipos: a) comportamientos indisciplinados, y b) violencia interpersonal.

La convivencia escolar y los aspectos pedagógicos

La convivencia escolar en su relación con el aprendizaje es uno de los temas básicos de la pedagogía y nos sugiere nuevas preguntas:

- ¿Es posible un aprendizaje adecuado sin una adecuada convivencia?
- ¿Qué significa aprendizaje de la convivencia?
- ¿Qué función, qué lugar le corresponde a la escuela en relación con la convivencia y el aprendizaje?

Estamos convencidos de que solamente cuando en la escuela se privilegien la comunicación, el respeto mutuo, el diálogo, la participación, recién entonces se generará el clima adecuado para posibilitar el aprendizaje y, para que ese aprendizaje sea posible, los vínculos interpersonales que denominamos "convivencia" deben construirse y renovarse continuamente, según determinados valores.

El desinterés de los alumnos y la falta de autoridad del docente generan en muchos casos un clima que no permite el proceso educativo. En ambos casos, además de no aprender, la relación docente-alumno se encuentra alterada y esto influye negativamente en la convivencia. El alumno no sólo no aprenderá contenidos, sino que se encuentra imposibilitado de aprender vivencialmente la buena convivencia, y esto se produce porque los procesos pedagógicos y la convivencia institucional están indisolublemente vinculados entre sí.

Aprender a dialogar

El docente que acompaña y escucha comprensivamente al alumno, le está enseñando al mismo tiempo que:

- está dispuesto a conocerlo y comprenderlo respetando su intimidad, su privacidad;
- que no basta con estar expectante, sino que también se puede responder con actitudes, con palabras, con gestos;
- que se asume un compromiso en relación con el alumno.

Es así como se aprende a dialogar y a generar vínculos, no sólo con quienes comparto gustos e ideas, sino también con aquellos cuya postura es distinta de la mía y con quienes tengo que convivir cotidianamente y muchas veces compartir tareas.

Errores al dialogar

El diálogo falla, a veces, por una serie de errores de los interlocutores.

- No escuchar al otro, preocupándose más que en escuchar, en lo que se va a decir.
- Tomar las cosas al pie de la letra, no según la intención o el sentido del que habla.
- Cambiar lo que el otro dice (palabras o sentido).
- Usar sarcasmos, frases despectivas, insultos.
- Intentar descubrir al otro en algo secundario o accesorio y atacarlo por ahí.
- Exagerar las afirmaciones del otro interlocutor.
- Tomar posturas radicales cuando se pierde.
- Descalificar al interlocutor con estereotipos.
- Usar un estilo dogmático al hablar.
- Atacar a la persona, en lugar de utilizar razones o argumentos.
- Irritarse y molestarse enseguida.
- Elevar la voz, gritando, hablando con excesivo calor o agresividad.
- Interrumpir para dejar claro el propio punto de vista.
- No rectificar cuando uno advierte que se ha equivocado o no tiene razón.
- Llevar la voz cantante en la conversación minusvalorando a los demás.
- Utilizar intencionadamente argumentos, hechos o datos falsos.

Diez pistas para aprender a dialogar

Se llega a la verdad por acercamientos progresivos:
1. Aceptarás que tú sólo no posees la verdad.
2. Comprenderás que más que convencer al otro de tu verdad deberás convencerlo de que lo que escuchas, lo comprendes, lo aceptas, lo estimas y crees que posee la verdad.
3. Expondrás tus ideas con claridad.
4. Huirás de toda forma de violencia en el diálogo: sarcasmo e ironía, intentar imponer, condenar. La violencia no convierte lo falso en verdadero, ni crea verdad; antes bien la oscurece en el diálogo, obstaculizando la comprensión y la aceptación de la verdad.

5. Confiarás en la parte de la verdad que crees poseer y en la capacidad del otro para captarla y aceptarla.
6. Recordarás que en el diálogo no debe haber nunca ni vencedores ni vencidos.
7. Aceptarás que tus opiniones pueden cambiar, como de hecho han cambiado muchas veces y en muchos campos.
8. Tendrás presente que el valor de tus opiniones depende del valor de los hechos y razones que las apoyan, y que tiendes a atribuirles un adicional peso emotivo.
9. Sabrás que acercarse a la verdad conlleva riesgos, implica el poder cambiar y esto no siempre es fácil, pues vivimos refugiados en hábitos, ideologías, prejuicios, etc.
10. Recordarás que el diálogo no es pasividad o resignación. El diálogo permite y exige hacer valer tus opiniones, si es que realmente valen, pero sin recurrir a la falacia, a la astucia, a la mentira o engaño.

(Pedro Ortega, Ramón Mínguez, Ramón Gil, *Educación para la convivencia. La tolerancia en la escuela.* Valencia, Nau Lliblres, 1994, pp. 64).

Por una pedagogía de la convivencia

Afirmamos que la **convivencia se aprende** en un difícil y prolongado aprendizaje en la vida de toda persona, porque:

- sólo se aprende a partir de la experiencia;
- sólo se aprende si se convierte en una necesidad;
- sólo se aprende si se logran cambios duraderos en la conducta, que permitan hacer una adaptación activa al entorno personal y social de cada uno.

Para aprender a convivir se deben cumplir algunos procesos que constituyen la convivencia y que, al estar ausentes, se ve obstaculizada su construcción:

- interactuar (intercambiar acciones con otros);
- interrelacionarse (establecer vínculos que implican reciprocidad);
- dialogar (fundamentalmente escuchar, también hablar con otros);

- participar (actuar con otros);
- comprometerse (asumir responsablemente las acciones con otros);
- compartir propuestas;
- discutir (intercambiar ideas y opiniones diferentes con otros);
- disentir (aceptar que mis ideas –o las de otro– pueden ser diferentes);
- acordar (encontrar los aspectos comunes, implica pérdida y ganancia);
- reflexionar (volver sobre lo actuado, lo sucedido);
- escuchar.

Estos procesos pueden transformarse en práctica a través de distintos **"proyectos institucionales de mejora de la convivencia"** que incluyen y superan los contenidos de las asignaturas; así, las relaciones se modifican, se ocupan nuevos roles y se incrementa el protagonismo de todos. *Esta propuesta impregna a toda la institución que, sin trabajar específicamente la convivencia, aprende "a convivir, conviviendo"* (Ianni, 2002).

DECÁLOGO DE LA CONVIVENCIA

- *Aceptarás al prójimo como es, amándolo con todos sus defectos.*
- *No tomarás en cuenta sus ingratitudes y desvíos.*
- *No juzgarás su conducta a sus espaldas.*
- *Interésate de continuo por sus cosas.*
- *Alaba sus virtudes o cualidades en su ausencia, que pronto lo sabrá.*
- *Servirás al prójimo aunque sea un cómodo.*
- *Agradecerás al otro sus pequeñas atenciones, tratando de hacérselas mayores tú.*
- *Estarás siempre alegre para alegrar a todos.*
- *Te gozarás con los triunfos del otro sin envidiarlos.*
- *Pide las cosas por favor. Y si haces algo mal, pide perdón.*

LA COMPETENCIA SOCIAL

En "La educación encierra un tesoro", se afirma que la educación para el siglo XXI ha de ordenarse alrededor a cuatro pilares básicos que son: aprender a conocer, aprender a hacer, aprender a vivir juntos y aprender a ser (Delors, 1996). Es el aprender a vivir juntos el que tratamos aquí como aprendizaje de la convivencia, educación para las relaciones interpersonales o también enseñanza de habilidades de interacción social, sin olvidar los otros tres pilares. Es más, para aprender a vivir con otros, se requiere el desarrollo de los otros aspectos personales, ya que se produce una interacción mutua entre todos facilitando y posibilitando el desarrollo integral que la educación tiene como meta.

Concepto de competencia social

Son un *conjunto de habilidades, capacidades relacionadas con la conducta, que posibilitan que el niño o el adolescente mantenga relaciones sociales positivas con los otros y que afronte, de modo efectivo y adaptativo, las demandas de su entorno social,* aspectos que contribuyen:

- a que el niño mantenga relaciones sociales positivas con los otros;
- a que afronte de modo efectivo y adaptativo las demandas de su entorno social, aspectos estos que contribuyen:
  a) a la aceptación por los compañeros;
  b) al adecuado ajuste y adaptación social.

Las relaciones sociales de calidad son el ámbito para aprender habilidades sociales significativas para la vida, brindando apoyo frente al estrés y a las adversidades, y también proporcionan sentimientos de aceptación que permiten desarrollar la autoestima.

Así, **enseñar la competencia social**:

a) Es responsabilidad de la escuela como institución, junto a la familia y en relación con ella. La escuela es uno de los ambientes más relevantes para el desarrollo social y, por tanto, para potenciar y enseñar habilidades, ya que los niños y adolescentes pasan gran parte de su tiempo relacionándose entre sí y con los adultos.
b) Implica incluirlas en el currículum escolar ordinario, delimitando un tiempo en el horario y diseñando actividades didácticas a realizar para el logro de los objetivos propuestos.

Desarrollo de la competencia social

El ser humano es un ser social que sólo resuelve sus necesidades básicas en la relación que establece con los demás. Entre sus necesidades está la de construir vínculos afectivos y sociales para sentirse psicológicamente seguro y acompañado en lugar de solo y abandonado.

La familia y las primeras personas de afecto desempeñan un papel principal en este proceso de desarrollo de la competencia interpersonal, sobre todo en los años iniciales. Así, la estimulación social que hacen los padres exponiendo al niño a situaciones sociales nuevas y variadas, facilita la adquisición de habilidades sociales y aleja los temores sociales iniciales. Por el contrario, padres inhibidos y tímidos o poco sociables que evitan exponerse a sí mismos y a sus hijos a situaciones sociales, hacen que los niños aprendan escasas habilidades sociales y sus respuestas sean de inhibición y/o de evitación (Monjas, 2000). Luego, además de la familia, entran en juego otras figuras para interactuar como las compañeras y compañeros, los docentes, etc.

La asertividad

La conducta asertiva es un aspecto de las habilidades sociales; es el estilo con el que interactuamos. Entendemos entonces que la asertividad es la conducta interpersonal que involucra la expresión directa de los propios sentimientos y la defensa de los propios derechos personales, sin negar los derechos de los otros. Es importante citar acá este tema por su directa relación con las nociones que analizamos en el capítulo dos, acerca de la víctima y el agresor.

ESTILO PASIVO	ESTILO ASERTIVO	ESTILO AGRESIVO
Demasiado poco, demasiado tarde Demasiado poco, nunca	Lo suficiente de las conductas apropiadas en el momento correcto	Demasiado, demasiado pronto Demasiado, demasiado tarde
Conducta no verbal Ojos que miran hacia abajo; voz baja; vacilaciones; gestos desvalidos; negando importancia a la situación;	**Conducta no verbal** Contacto ocular directo; nivel de voz conversacional; habla fluida; gestos firmes; postura erecta; mensajes	**Conducta no verbal** Mirada fija; voz alta; habla fluida/rápida; enfrentamiento; gestos de amenaza; postura intimidatoria;

postura hundida; puede evitar totalmente la situación; se retuerce las manos; tono vacilante o de queja; risitas falsas.	en primera persona; honesto/a; verbalizaciones positivas; respuestas directas a la situación; manos sueltas	deshonesto/a; mensajes impersonales
Conducta verbal *"Quizás", "Supongo", "Me pregunto si podríamos", "Te importaría mucho", "Solamente", "No crees que", "Ehh", "Bueno", "Realmente no es importante", "No te molestes"*	**Conducta verbal** *"Pienso", "Siento", "Quiero", "Hagamos", "¿Cómo podemos resolver esto?", "¿Qué piensas?", "¿Qué te parece?"*	**Conducta verbal** *"Haría mejor en", "Haz", "Ten cuidado", "Debes estar bromeando", "Si no lo haces", "No sabes", "Deberías", "Mal"*
Efectos Conflictos interpersonales Depresión Desamparo Imagen pobre de sí mismo Se hace daño a sí mismo Pierde oportunidades Tensión Se siente sin control Soledad No se gusta a sí mismo ni gusta a los demás Se siente enfadado	**Efectos** Resuelve los problemas Se siente a gusto con los demás Se siente satisfecho Se siente a gusto consigo mismo Relajado Se siente con control Crea y fabrica la mayoría de las oportunidades Se gusta a sí mismo y a los demás Es bueno para sí y para los demás	**Efectos** Conflictos interpersonales Culpa Frustración Imagen pobre de sí mismo Hace daño a los demás Pierde oportunidades Tensión Se siente sin control Soledad No le gustan los demás Se siente enfadado

a) **La conducta pasiva** es un estilo de huida que implica la violación de los propios derechos al no ser capaz de expresar honestamente los sentimientos, pensamientos y opiniones y, consecuentemente, la persona permite a los demás que violen sus sentimientos, o expresa los pensamientos y sentimientos propios de una manera derrotista, con disculpas, con falta de confianza.

b) **La conducta agresiva** es un estilo de lucha que implica la defensa de los derechos personales y la expresión de los pensamientos, sentimientos y opiniones de tal forma que a menudo es deshonesta, inadecuada, y viola los derechos de los demás. *La persona agresiva viola los derechos de los otros, se mete en las elecciones de los demás, es beligerante, humilla y desprecia a los otros, es explosiva, impredictiblemente hostil y autoritaria* (Monjas 2000); se convierte en alguien desagradable a los demás que será rechazado.

c) **La conducta asertiva** implica la expresión de los propios sentimientos, necesidades, derechos y opiniones sin amenazar o castigar a los demás y sin violar los derechos de los demás. Así, el propósito de la conducta asertiva no es conseguir lo que el sujeto pretende, sino expresarlo de forma clara y directa. Es por eso que el niño que defiende y hace valer sus derechos asertivamente, se valora a sí mismo y hace que los demás valoren y respeten sus deseos, gustos y opiniones.

La asertividad y las víctimas del maltrato

Algunos alumnos, especialmente los que han tenido experiencias prolongadas de abuso o maltrato, han sufrido un deterioro de esta capacidad. El niño que no puede decir que no a la decisión de otro, que se siente perdido si no está acompañado, que no sabe lo que desea, es un niño que necesita acrecentar el dominio de la asertividad.

La autoestima o afecto hacia sí mismo es imprescindible como base emocional para afrontar las tareas y actividades de la vida en general y, muy especialmente, del aprendizaje. Por otro lado, su mala opinión de sí mismo lo convierte en un ser excesivamente sumiso y dócil ante las imposiciones de los demás, o por el contrario, se vuelve esquivo e inconformista con lo que se le dice. Un niño o adolescente que está sufriendo la presión de verse insultado, amenazado o marginado por otros, no está en condiciones de aprender ni de desarrollar adecuadamente su vida social.

Aunque parezca contradictorio, la víctima del maltrato se culpa por no ser "matón" y por no responder a la violencia que recibe con violencia. Esto le provoca sentimientos muy contradictorios, volviéndose irritable, inseguro y asustadizo. A veces estos niños se oponen a la compañía de los compañeros y ocultan sus sentimientos a los adultos, lo que empeora las cosas, al no dar posibilidades de ayuda.

La empatía y su desarrollo

La empatía es la capacidad de apreciar los sentimientos y las emociones que está sintiendo nuestro interlocutor en un proceso de interacción o comunicación con él. Es así como los niños dan muestras de estar desarrollando su empatía desde pequeños pero, para que se produzca un adecuado proceso de aprendizaje en este ámbito, es necesario que el entorno social sea suficientemente bueno como para que los adultos les muestren el camino.

Cuando un niño se educa en un contexto social en el que predominan las malas relaciones interpersonales o una comunicación poco adecuada, los aprendizajes sociales se deterioran y las habilidades sociales indispensables no se logran, se adquieren hábitos negativos cuando estos mismos niños podrían haber aprendido aquellas habilidades que no poseen.

Este es el caso de la empatía; cuando se han realizado aprendizajes sociales negativos a través de experiencias de desprecio, agresividad injustificada o violencia, la capacidad empática no sólo se reduce, sino que aumentan las dificultades para su reeducación, y se hace imprescindible que estos niños o adolescentes establezcan mediante procesos educativos, su sensibilidad emocional y afectiva hacia sí mismos y hacia los demás.

Problemas de relaciones interpersonales

Existe acuerdo entre los investigadores en la suposición de que el rechazo y el aislamiento de los compañeros y compañeras de clase son situaciones en la vida de un niño que lo hacen sensible a desarrollar problemas de inadaptación escolar, social y de ajuste emocional.

Experimentar rechazo y aislamiento de los compañeros reduce las posibilidades de desarrollo social y emocional porque disminuye la interacción con otros niños, los priva de sus beneficios, además de disminuir su autoestima y percibir sentimientos de soledad. Además, los niños y niñas rechazados o poco aceptados, reciben más agresiones siendo víctimas de otros niños y niñas (como hemos visto en el caso del *bullying*). Existen dos tipos de alumnos rechazados:

a) alumnos de conducta agresiva y perturbadora;
b) alumnos tímidos o retraídos, con ansiedad social y baja interacción con otros niños y niñas.

Si los del primer grupo tienen riesgo de problemas escolares y de conducta antisocial, los del segundo tipo tienen riesgo de padecer problemas de conducta y depresión.

En los siguientes cuadros hemos colocado las características descriptivas de niños tímidos y niños agresivos que presenta Monjas (2000),

ejemplificando así los dos extremos de los problemas de relación interpersonal.

Cómo se relacionan los niños y niñas tímidos

- Evitan la relación con otros niños y adultos, sobre todo si
  son poco conocidos, y cuando se relacionan manifiestan
  nerviosismo, ansiedad, evitan la mirada agachando la cabe-
  za, se ruborizan.
- Pasan muchos apuros, intentando pasar inadvertidos para
  que no les pregunten, ni se dirijan a ellos.
- Rehuyen el contacto físico de sus compañeros y otros adultos.
- Les cuesta entrar solos a una clase o lugar donde estén reu-
  nidas varias personas y dirigirse a ellos para pedir o preguntar algo.
- Se suelen inhibir en las conversaciones y trabajos de grupo;
  cuando intervienen les tiembla la voz, hablan muy bajito y
  se muestran nerviosos, jugando con las manos o algún objeto que esté a su alcance.
- Tienen pocos amigos, les gusta acaparar la amistad de un
  compañero y pueden relacionarse con dos compañeros a la
  vez, pero huyen cuando están entre más de tres niños.
- Les gusta estar y jugar solos tanto en clase como en el patio;
  se entretienen con algún objeto: balón, libro, animales...
- Pasan inadvertidos para sus compañeros; el día que no vienen a clase sus compañeros no los echan en falta.
- Les cuesta saludar y responder a saludos o preguntas que se
  les hagan.
- Les cuesta iniciar una conversación y dirigirse a otros para
  pedir algo, son capaces de quedarse sin lo que desean antes
  de pedirlo.
- Son introvertidos y reservados; no hablan de ellos ni de situaciones especiales que hayan vivido.
- Resultan muy pasivos, parece no interesarles nada, sus inte-
  reses no los manifiestan.
- Presentan sentimientos de inferioridad, son inseguros y con
  baja autoestima.
- Les gusta salir poco de casa.
- Son muy autoritarios y exigentes con sus padres.

Cómo se relacionan los niños y niñas agresivos

* **Con agresividad explícita y directa:**
- Manifiestan una conducta muy beligerante e impulsiva.
- Utilizan la agresión física para conseguir lo que quieren.
- Molestan a los demás tocándolos, insultándolos y amenazándolos, con la finalidad de llamar su atención.
- Suelen tener conflictos con los iguales, porque discuten y pelean con mucha facilidad e incluso se meten en problemas ajenos, haciendo de justicieros.
- Amenazan e insultan con voces y gestos.
- Son temidos y rechazados por sus compañeros.
- Son poco respetuosos con las cosas de los demás, no importa que se rompan o se deterioren.
- Son insensibles al castigo.

* **Con agresividad implícita:**
- Son niños tranquilos y reflexivos.
- Tienen que mandar en los juegos y trabajos; para ello se rodean de niños que puedan dominar, evitando la relación con compañeros mayores.
- Ignoran y violan los derechos de los demás; hay que hacer lo que ellos quieran.
- Amenazan, menosprecian e intimidan a los demás verbalmente y con su actitud de desprecio.
- Utilizan artimañas para enfrentar a sus compañeros y aislar al que les molesta.
- Son muy dominantes, humillan y desprecian a sus compañeros.
- Son temidos por sus compañeros, pero no rechazados; llegan a ser admirados por sus iguales.
- Insensibles al castigo.
- Provocan y desafían al adulto con su mirada y actitud, cuando son reprendidos.

> *Precisamente porque estos valores de la familia y de la comunidad no están suficientemente estabilizados en la estructura de la personalidad de los individuos, es necesario –sobre todo en las fases iniciales de la formación de los niños, adolescentes y jóvenes– un acercamiento más intencionado, más cuidadoso y más cargado de propuestas, fruto de un itinerario pedagógico y de un **proyecto educativo**, estudiado oportuna y detalladamente en sus objetivos, etapas intermedias, instrumentos operativos y experiencias significativas: itinerario formativo que constituye lo que podríamos llamar **pedagogía de la comunión** (P. Pascual Chávez V. sdb., Aguinaldo, 2003).*

La competencia social en el Proyecto Educativo Institucional (PEI)

Ocurre que la competencia social y las habilidades de interacción social en la infancia y la adolescencia (como otros valores y competencias), en general no se trabajan ni se enseñan de forma activa, deliberada y metódica dentro del ámbito escolar. La escuela, como transmisora de los valores culturales, continúa focalizando su atención en los aspectos intelectuales más relacionados con el éxito académico, olvidando o relegando la enseñanza de conductas relacionadas con el bienestar interpersonal y personal. ¿Se puede enseñar y aprender en un ámbito donde la convivencia pacífica está distorsionada?

En general la competencia social o, más concretamente, determinadas conductas relacionadas con la convivencia han sido descuidadas e ignoradas y no se enseñan directamente en la escuela o se dejan a criterio de cada docente; forman así parte del currículum oculto y permanecen estas habilidades de interacción social como un aspecto olvidado y una asignatura pendiente en la respuesta psicoeducativa a los alumnos.

Necesidad de introducir las habilidades sociales en el currículum

Las investigaciones realizadas en este sentido indican que las habilidades sociales no mejoran por la simple observación ni por la instrucción informal, *se necesita una educación directa*. Hoy tenemos claro que determinadas competencias relacionadas con la solución de problemas cognitivo-sociales, no se adquieren si no se llevan a cabo actividades educativas de forma intencional. Asimismo, los niños que tienen déficits o problemas en su habilidad social no adquieren la competencia social sólo por estar expuestos al comportamiento de sus compañeros socialmente hábiles, sino que se necesita una intervención directa, deliberada y sistemática.

Es necesario entonces que la enseñanza de las habilidades sociales se incluya de modo sistemático en la currícula habitual. Esto implica, como mencionábamos en el texto seleccionado del P. Pascual Chávez (2002), que esta área debe tener *un acercamiento más intencionado,* a través de objetivos propios, horario, planificación y estrategias de evaluación como otras áreas curriculares.

Reconocemos la conveniencia y necesidad de educar para que la convivencia en la clase se desarrolle en armonía, y los alumnos puedan desarrollar lazos de amistad y compañerismo, evitando riesgos de que se rompa esta convivencia, y de que algunos alumnos y alumnas sean objeto de rechazo.

Si la meta de la educación es promover la formación integral de los niños y jóvenes, es necesario que la escuela considere seriamente el *área de la competencia interpersonal,* por lo que las líneas de acción que se proponen a continuación y en las que seguimos a Monjas (2000), van dirigidas a la conveniencia de considerar dentro del currículum la educación de las habilidades sociales.

Es necesario que las habilidades sociales se enseñen directa y sistemáticamente, por lo que hay que buscar un lugar dentro del currículum escolar y desarrollar acciones concretas con respecto a:

a) El **Proyecto Educativo Institucional**, donde se debe reflejar el tipo de persona que queremos formar, y por lo tanto debe quedar constancia de la dimensión interpersonal de la educación de nuestros alumnos.

b) El **Proyecto Curricular Institucional**, donde el área interpersonal debe estar presente en los acuerdos que se tomen respecto al qué, cómo y cuándo enseñar y evaluar.

c) La **organización escolar**, determinando un tiempo en el horario, planificando recursos, etc.

d) La **Programación**, lo que implica establecer expectativas de logro y contenidos, planificar las actividades a realizar, delimitar estrategias de evaluación y diseñar actividades y materiales para los alumnos.

e) La **participación de las familias,** ya que es convéniente establecer sistemas de información, coordinación y trabajo compartido colegio-familia respecto de la conducta interpersonal.

f) La **respuesta a los alumnos con necesidades educativas especiales,** ya que son población en riesgo de experimentar dificultades de relación interpersonal, por lo que necesariamente deben recibir enseñanza sistemática para aprender a relacionarse.

Por todo esto, vemos la necesidad de incluir proyectos de educación de las habilidades sociales dentro de la programación educativa habitual de nuestras escuelas de Nivel Inicial, EGB y Polimodal, con un doble propósito:

- por una parte, promover la competencia social y la prevención de posibles desajustes en el alumnado "sin" dificultades;
- por otra parte, intervenir con el alumnado de riesgo y con los que presentan problemas de incompetencia social.

ENSEÑAR LA COMPETENCIA SOCIAL

Algunas estrategias para el trabajo cooperativo

Entrevista del clima de la clase (adaptado de la Junta de Andalucía, 1999)

Alumno/a: ....
Curso: ....

Te voy a preguntar cómo se llevan los niños y niñas de tu clase, o sea cómo es la relación de los compañeros de tu clase entre ellos y contigo, qué problemas ves tú, qué aspectos te gustaría mejorar, y otras cosas. Contéstame con sinceridad y no temas que tu opinión se la contemos a nadie, pues sólo nos interesa tu grupo no los niños concretos.

1- ¿Hay peleas dentro de tu clase?   NADA   UN POCO   MUCHO

2- ¿Hay niños o niñas que se sienten mal
dentro de tu clase porque se meten
con ellos y ellas o no les dejan jugar?   NO HAY   ALGUNOS   MUCHOS

3- ¿Conoces tú algunos?

4- ¿Hay niños o niñas que molestan
a los demás en tu clase?   NO HAY   ALGUNOS   MUCHOS

5- ¿Conoces tú algunos o algunas?

6- Si un compañero o compañera
de clase está triste, ¿tú harías algo?   SÍ   NO

7- ¿Qué harías?
- Decírselo a la señorita
- Ayudarle
- Jugar con él
- Preguntarle qué le pasa
- Animarlo
- Ofrecer ser su amigo

8- Si un compañero o compañera
no te deja jugar, ¿qué haces tú?
- Conformarme
- Me voy a hacer otra cosa
- Me peleo con él/ella
- Se lo digo a la señorita

9- ¿Te parece difícil que los niños
se porten bien en clase?   SÍ   NO

10- ¿Te parece difícil cumplir las normas?   SÍ   NO

1. ¿Crees que es mejor trabajar
en grupo o trabajar solo?

Solo. ¿Por qué?
- Portarse mejor
- Se aprende más
- No me distraen
- No me molestan
- No me interrumpen

Grupo. ¿Por qué?
- Te aburres menos
- Piensas mejor
- Te pueden ayudar
- Si no sabes algo lo aprendes
- Más relaciones con el compañero

Actividad - Titulo: *LOS CUADRADOS*

Objetivo: Descubrir la importancia de la colaboración en una tarea común.

Desarrollo: Los alumnos reunidos en grupos de 5 deben armar en silencio, cuadrados iguales, a partir de figuras geométricas entregadas en un sobre. Se forman grupos de 5 personas, no pueden ser ni más ni menos. Se sientan alrededor de mesas o bancos agrupados de forma tal que puedan mirarse las caras. Se reparte a cada grupo un sobre grande que contiene cinco sobres pequeños (uno para cada participante) con figuras geométricas realizadas en cartulina. Se determinan 2 observadores o más en cada mesa de trabajo para que registren las conductas, reacciones o modos de actuar de los 5 integrantes del grupo. Se dan las instrucciones a todos los grupos conjuntamente:

A cada grupo se le ha entregado un sobre grande que contiene cinco sobres pequeños con figuras geométricas de cartulina. Con este material cada miembro del grupo debe realizar un cuadrado de igual tamaño en 10 minutos. No se puede hablar, no se puede pedir ninguna pieza, no se puede hacer señas al compañero indicando la pieza que se necesita, tampoco puede quitársela al compañero. Sólo se permite ofrecer las piezas. Por lo tanto deben armarse los cuadrados con las piezas propias o con las ofrecidas por los demás. Repito, los cinco cuadrados deben ser iguales. Tienen 10 minutos para realizar el trabajo.

Leída la consigna, se da la orden de comienzo de la tarea y se toma el tiempo. Concluido el tiempo previsto, se analiza la actividad realizada. A cada participante se le pregunta qué ha sentido, si le ha gustado la tarea, si realmente pudo intervenir en la confección del cuadrado, si le costó ofrecer las piezas, si se sintió coaccionado o incómodo y todas las preguntas que al coordinador le parezcan necesarias según los objetivos. Una vez que cada uno de los integrantes del grupo se ha manifestado, se solicita a los observadores que expresen las apreciaciones registradas sobre la conducta de los 5 miembros del grupo. Con todo este material el coordinador debe hacer una reflexión final que es la que refuerza el logro de los objetivos previstos.

Reflexión: Esta actividad permite a los alumnos descubrir la importancia de la cooperación, de la ayuda, en cuanto genera vivencialmente la necesidad de contar con el otro. Ninguno de los miembros puede concluir su tarea si alguno de sus compañeros no le proporciona las piezas que necesita; todos necesitan de todos y más aún, lograr el objetivo implica para cada uno de los integrantes postergar su propia necesidad en función de la de sus compañeros. Se trata de abrirse al otro para ayudarlo. Se pone en evidencia de modo muy gráfico lo que significa la cooperación. Sólo se coopera cuando se asume una actitud de ayuda, de ofrecer colaboración, de estar atento para darse cuenta de qué necesita el otro. Pero también significa saber respetar al otro en su tiempo, no invadirlo ni imponerle el propio ritmo. Permite también reflexionar sobre los distintos roles o actitudes de donación que han aparecido en el grupo.

Genera también reflexiones acerca de cómo el factor tiempo introduce la competición. O se colabora tratando de completar la tarea entre todos o se compite decidiendo por los demás para terminar más rápido y asegurarse de que el propio grupo resulte el primero.

Titulo: *REGISTRO DE CUMPLIMIENTO DE NORMAS*
Objetivo: la asimilación de normas.
Desarrollo: esta actividad está tomada de Trianes (1996). Se delimitan una serie de normas comparándolas con las de cualquier Institución o Colegio:

• Ser ordenado.
• Ser limpio.
• Ser comprensivo.
• Ser tolerante.
• Ayudar y cooperar con los compañeros.
• Ser buen compañero.
• Atender en clase.
• Guardar silencio en clase.
• Respetar a los compañeros.
• Estar sentado.
• Respetar a la maestra.
• Respetar el turno de palabra.
• Respetar los cargos establecidos en cada grupo.
• Respetar los horarios.
• Mostrar normas de cortesía (gracias, por favor,...) cada vez que la maestra o algún compañero preste algún material o le ayude.
• Trabajar en clase.

Se trata de controlar el cumplimiento e incumplimiento de las normas debido a la necesidad de control en la sociedad.

Seguidamente se les formulan una serie de preguntas:
- ¿Cómo puede el grupo sancionar que no se cumpla la norma?
- ¿Qué recompensas podemos pensar para el cumplimiento de las normas?

Hacer una lista de actividades agradables.
Una vez identificadas las normas se elaborará un registro de cumplimiento de normas para cada grupo. Se encargará de anotarlo el encargado del grupo. Al final de la sesión, se cuentan todas las actividades positivas en conjunto de cada grupo y se ponen con pegatinas en el mural.
Al finalizar cada sesión, a cada grupo se le da una hoja de pegatinas de cada color y se va contabilizando el número de conductas positivas.
Se contabiliza qué grupo tiene más conductas positivas, por un lado para que ellos mismos se den cuenta de lo que consiguen y por otro para ir viendo su progreso de forma más evidente. Quien tenga más conductas positivas, tras previo pacto acordado con la clase, se premiará con el refuerzo acordado democráticamente (cada una o dos sesiones).
Recursos necesarios: cartulinas, lápices de colores y colaboración.

Ejemplo para la educación de habilidades de solución de problemas interpersonales (Monjas 2000):

¿QUÉ HABILIDADES COMPRENDE?
1. Identificar problemas interpersonales.
2. Buscar soluciones.
3. Anticipar consecuencias.
4. Elegir una solución.
5. Probar la solución.

IDENTIFICAR PROBLEMAS INTERPERSONALES
Consiste en reconocer que existe una situación conflictiva. Supone delimitar y especificar exactamente cuál es el problema, pensar en los motivos que ocasionan el problema.

Tengo un problema. Juan me ha insultado y se ha reído de mí.

Para identificar, delimitar y especificar un problema interpersonal es necesario dar respuesta a las siguientes preguntas:
¿Cuál es el problema? ¿Qué ocurre en esta situación? ¿Qué ha pasado? ¿Qué hiciste/dijiste? ¿Por qué hiciste eso? ¿Qué hizo/dijo la otra persona? ¿Por qué crees tú que hizo/dijo eso? ¿Por qué pasó eso? ¿Cuál fue el motivo? ¿Qué piensas tú que causó el problema? ¿Cómo te sientes? ¿Por qué? ¿Cómo crees que se siente la otra persona? ¿Por qué? ¿Qué pensaste en ese momento? ¿Qué te dijiste a ti mismo? ¿Qué crees que pensó la otra persona? ¿Qué quieres lograr tú? ¿Por qué? ¿Qué quieres que haga la otra persona? ¿Por qué?

En casa también hay problemas.

Tu hijo/a quiere ver un programa de TV y tú quieres ver otro programa distinto.
¿Cuál es el problema? Que los dos queremos ver la TV, pero en distinto canal.
¿Qué ocurre en esa situación? Nos enfadamos muchísimo y discutimos. Ninguno ve la TV a gusto. ¿Qué hiciste? Me puse a gritar a mi hijo/a y a decirle que yo era mayor y podía elegir. ¿Qué dijo tu hijo/a? Que el/ella también tenía derecho a ver su programa favorito. ¿Cómo te sientes? Mal, porque veo mal a mi hijo/a y tampoco he podido ver mi programa...

BUSCAR SOLUCIONES

Cuando se tiene un problema con otro/a niño/a es necesario dar respuesta a las siguientes preguntas:

¿Cómo se puede resolver el problema?

¿Qué se puede hacer y/o decir para solucionar el problema?

¿Qué harías tú para solucionar el problema? ¿Qué más?

¿Qué otra cosa se podría hacer?

¿Qué otra cosa se te ocurre hacer?

¿Qué otra cosa harías si no puedes hacer lo anterior?

ANTICIPAR CONSECUENCIAS

Consiste en prever las consecuencias de nuestros actos y de los actos de los demás y considerarlas y/o tenerlas en cuenta antes de actuar. Se trata de «adivinar» qué ocurrirá si: *Me peleo, discuto, me insultan, insulto, no participo y me callo, me enojo, se enoja alguien, hago tonterías, molesto a alguien, me molestan a mí...*

Es preciso resaltar que:

1. Las consecuencias pueden ser positivas y negativas.
2. Hay que tener en cuenta las consecuencias para uno mismo y para las otras personas que intervienen en el conflicto.
3. Diferenciar cuándo se es actor o actriz principal y cuándo receptor de un conflicto iniciado por otro/a.

Para anticipar consecuencias cuando se tiene un problema interpersonal, es necesario tener en cuenta cada posible solución y dar respuesta a las siguientes preguntas:

Si yo hago..., ¿qué puede ocurrir después?

Si la otra persona hace..., ¿qué puede ocurrir después?

¿Qué crees tú que puede suceder después? ¿Qué harás/dirás?

¿Qué harán/dirán las otras personas?

¿Qué podría ocurrir después si tú...?

¿Qué podría ocurrir después si la otra persona...?

ELEGIR UNA SOLUCIÓN

Implica tomar una decisión después de evaluar cada alternativa de solución prevista para determinar qué solución se pone en práctica.

Para tomar esa decisión es necesario hacer una evaluación de cada alternativa de solución y analizar «pros» y «contras» teniendo en cuenta los siguientes criterios:

- Las consecuencias anticipadas de cada alternativa.
- El efecto que cada alternativa va a tener en uno mismo. ¿Cómo me voy a sentir yo?
- El efecto que cada alternativa va a tener en los otros. ¿Cómo se van a sentir? ¿Respeto sus derechos?
- Las consecuencias para la relación con esa/s persona/s a corto y a largo plazo.
- Efectividad de la solución.

Cuando se tiene un problema, es necesario tener en cuenta cada posible solución y evaluarla tratando de dar respuesta a las siguientes preguntas:

Esta solución, ¿es una buena idea? ¿Por qué?

¿Es peligrosa? ¿Atenta a la seguridad física de alguno de los implicados? ¿Esa solución es justa?

¿Cómo afecta a la otra persona? ¿Cómo se va a sentir? ¿Se tienen en cuenta sus derechos?

¿Cómo te hace sentir a ti esa solución?

¿Qué consecuencias tendrá a corto y a largo plazo para la relación con la/s otra/s persona/s?

¿Es una solución efectiva? ¿Resuelve el problema? ¿Soluciona este problema creando otro u otros problemas?

De todo lo que puedes hacer, ¿cuál es lo que más te interesa? ¿Cuál crees que dará mejor resultado?

PROBAR LA SOLUCIÓN

1º. Planificar paso a paso lo que se va a hacer.

2º. Reconocer y anticipar obstáculos que pueden dificultar y/o interferir en el logro de la meta.

3º. Poner en práctica la solución según lo que se ha planificado.

4º. Evaluar los resultados obtenidos.

Por qué es importante saber resolver problemas

1. Si uno no se da cuenta de que existe un problema, no hará nada para solucionarlo.
2. Debemos prever muchas soluciones: así podremos elegir la más idónea; también podremos elegir distintas soluciones si alguna fracasa.
3. Es importante prever las consecuencias; así podremos tomar una decisión con más conocimiento y por tanto más acertada.
4. Si se elige una solución que sea justa, efectiva, que tenga en cuenta los sentimientos propios de los otros, el problema probablemente desaparecerá.
5. Ayuda a comprender mejor a los demás.
6. Evita que en el futuro haya más problemas.
7. Ayuda a respetar nuestras ideas y actitudes.
8. Ayuda a que los demás te comprendan mejor.

Compartir con los demás

El compartir con los demás es un principio que remite a la cooperación y la participación y se concreta entre los miembros de la comunidad educativa en los siguientes objetivos educativos:

1. Proporcionar experiencias reales de cooperación, solidaridad y responsabilidad, que favorezcan el aprendizaje de las capacidades con ellas relacionadas, con la participación de todos los miembros de la comunidad educativa.
2. Mejorar las relaciones, así como la integración de todos los sectores que intervienen en la organización escolar.
3. Favorecer el trabajo en equipo, el reparto de tareas, la colaboración y la búsqueda compartida de soluciones a los problemas que la organización escolar y la vida escolar genera.
4. Fomentar la participación responsable en cada uno de los sectores de la escuela de modo tal que esta alcance los objetivos propuestos en el PEI, de manera coordinada a través del trabajo cooperativo.

Escuchar para entender al otro

Los principios anteriores requieren de la escucha activa para hacer del diálogo, no sólo la comprobación, presencia o existencia de puntos de vista y de valores opuestos, sino una disposición decidida a favor de la buena convivencia.

El diálogo implica la tolerancia y el respeto de las diferencias como clave esencial de convivencia en la que los actores prestan atención activa con su pensamiento y acción a las diferentes opiniones, creencias y valores que difieren de los propios. Y es también un elemento imprescindible de la cooperación, pues constituye la esencia de la convivencia pacífica que reside primeramente en el encuentro entre las personas y sus realidades diversas.

En el ámbito educativo, "escuchar para entender", es decir, el diálogo, requiere que los docentes generen un clima de reflexión y debate sincero, acerca del porqué de los contenidos culturales con los que trabajan. Pero para hacer efectivo ese clima de reflexión es imprescindible el respeto del otro basado en el valor de la tolerancia, ya que hoy nuestra vida, individual y colectiva, está alterada de conflictos, expuesta a las diferencias y condicionada por diferentes y legítimas visiones de cómo organizar una sociedad en la que podamos desarrollar completamente nuestros proyectos personales y comunitarios.

Aprender la competencia necesaria para la amistad

En la familia, el niño debe aceptar y adaptarse a las relaciones que establece con sus padres y hermanos. Pero al salir de la familia, descubre variadas posibilidades para seleccionar a sus compañeros de juego y que puede negociar los vínculos y contextos sociales. Aprende también que sus compañeros no lo aceptan con facilidad. Deberá convencerlos de sus méritos como compañero y a veces tendrá que anticipar y aceptar ser excluido.

En la competencia general necesaria para hacerse amigos, desde el comienzo de la escuela primaria parecen estar incluidas cuatro habilidades básicas que permiten:

1) **Llevarse bien con adultos y con iguales**. Los niños más aceptados por sus compañeros se diferencian de los rechazados por ocupar una posición positiva en la escuela, pues logran conciliar su relación con tareas y docentes y con la solidaridad hacia sus compañeros. El niño con capacidad para tener al mismo tiempo éxito y amigos participa con frecuencia y eficacia en las ta-

reas propuestas por los docentes y recibe su reconocimiento, sin que esta atención sea buscada por el niño ni manifieste preocupación por conseguirla.

2) **Colaborar e intercambiar el estatus.** La relativa ambigüedad del estatus que caracteriza las relaciones entre iguales, hace que gran parte de las conductas estén destinadas a negociar quién controla o dirige a quién en cada momento.

Los niños que tratan continuamente de controlar a otros niños, frecuentemente son rechazados por sus compañeros. Cuando se les pregunta por qué no quieren estar con ellos responden que *porque son mandones, porque siempre hay que hacer lo que ellos dicen...* Cuando se observa a estos niños se evidencia que efectivamente tienen dificultades para colaborar, no piden información a sus compañeros y tratan con frecuencia de llamar la atención, en lugar de tratar de concentrarla en la tarea.

3) **Aceptación y simpatía.** Los niños más aceptados por sus compañeros de clase se diferencian de los niños rechazados por ser mucho más sensibles a las iniciativas de los otros niños. Se caracterizan porque aceptan lo que otros proponen y consiguen así que los demás los acepten. Estos niños que más animan, elogian, atienden y aceptan, suelen ser los que más elogios, atención y aceptación reciben. Esta simpatía recíproca hace que al niño le guste estar con sus compañeros y encuentre en esta relación oportunidades para desarrollar su inteligencia social. Por el contrario, los niños que son rechazados por sus compañeros suelen expresar con frecuencia conductas negativas hacia ellos (agresiones físicas o verbales, disputas, críticas...) y recibir conductas similares de los otros niños.

4) **Repartir el protagonismo y la atención**. Uno de los bienes más valorados socialmente es la atención de los demás. Aprender a repartirla sin acapararla excesivamente, como hacen los niños que terminan resultando pesados y por eso rechazados, ni pasar inadvertido, como ocurre con los niños aislados, es una de las más sutiles habilidades sociales.

Los problemas de los niños rechazados por sus compañeros pueden volver a producirse cuando van a un nuevo grupo, es por eso que no siempre es recomendable sacar a ese niño de un grupo porque se supone que necesariamente mejorará en otro. Para superar estos problemas es necesario ayudar a que estos niños adquieran las habilidades sociales necesarias para hacerse amigos.

EDUCAR PARA LA PROSOCIALIDAD

> *¿...Es que una tibia reacción de medidas preventivas pasivas (que los adolescentes no tengan acceso a las armas) va a detener el deterioro de las relaciones entre las personas?* (Roche, 2000)

Desde una perspectiva educativa, se presenta la prosocialidad no sólo como un método, sino también como un valor entre los valores comunes y universales a enseñar, como principios de una ética para todo el comportamiento humano y capaces de proporcionar significado y regular todas las relaciones interpersonales y sociales.

Partimos de la siguiente definición de los comportamientos prosociales: *Aquellos comportamientos que, sin la búsqueda de recompensas externas, extrínsecas o materiales, favorecen a otras personas, grupos o metas sociales y aumentan la probabilidad de generar una reciprocidad positiva, de calidad y solidaria en las relaciones interpersonales o sociales consecuentes, salvaguardando la identidad, creatividad e iniciativa de las personas o grupos implicados* (Roche, 1991).

Categorías y ventajas de la prosocialidad (Roche, 1991)

1. Ayuda física. Una conducta no verbal que procura asistencia física a otras personas para cumplir un determinado objetivo, y que cuenta con la aprobación de las mismas.

2. Servicio físico. Una conducta que elimina la necesidad a los receptores de la acción de intervenir físicamente en el cumplimiento de una tarea o cometido, y que concluye con la aprobación o satisfacción de éstos.

3. Dar y compartir. Dar objetos, ideas, experiencias vitales, alimentos o posesiones a otros.

4. Ayuda verbal. Una explicación o instrucción verbal que es útil y deseable para otras personas o grupos en la consecución de un objetivo.

5. Consuelo verbal. Expresiones verbales para reducir la tristeza de personas apenadas o en apuros y aumentar su ánimo.

6. Confirmación y valorización positiva del otro. Expresiones verbales para confirmar el valor de otras personas o aumentar la autoestima de las mismas, incluso ante terceros (interpretar positivamente conductas de otros, disculpar, interceder, mediante palabras de simpatía, alabanza o elogio).

7. Escucha profunda. Conductas metaverbales y actitudes en una conversación que expresan acogida paciente pero activamente interesada en los contenidos y objetivos del interlocutor.

8. Empatía. Conductas verbales que, partiendo de un vaciado voluntario de contenidos propios, expresan comprensión cognitiva de los pensamientos del interlocutor o emoción de estar experimentando sentimientos similares a los de éste.

9. Solidaridad. Conductas físicas o verbales que expresan aceptación voluntaria de compartir las consecuencias, especialmente penosas, de la condición, estatus, situación o fortuna desgraciadas de otras personas.

10. Presencia positiva y unidad. Presencia personal que expresa actitudes de proximidad psicológica, atención, escucha profunda, empatía, disponibilidad para el servicio, la ayuda y la solidaridad para con otras personas y que contribuye al clima psicológico de bienestar, paz, concordia, reciprocidad y unidad en un grupo o reunión de dos o más personas.

EDUCAR PARA LA TOLERANCIA

No es extraño que la educación para la convivencia tenga en el respeto de la diversidad uno de sus fundamentos y exija una acción educativa en y para la tolerancia, lo que implica (Ortega, 1996):

1- Promover el diálogo y el consenso como forma de resolver los conflictos.

2- Desarrollar la conciencia de pertenencia a una misma comunidad por encima de la diversidad de creencias e ideologías.

3- Reconocer y promocionar la diversidad cultural como elemento enriquecedor, no desintegrador de una sociedad.

4- Promover el reconocimiento de la dignidad de toda persona y el respeto a las creencias y formas de vida de cada individuo.

5- Tomar conciencia de que la uniformidad y la imposición sólo llevan a la pobreza intelectual y a la pérdida de la libertad.

6- Entender la tolerancia como un estilo y forma de vida.

La intolerancia y el ciclo de la violencia

Así como nos hemos referido al hablar de la violencia en todas sus expresiones como de una enfermedad social que sufre la humanidad, la UNESCO nos dice que vivimos una epidemia de intolerancia que transforma las comunidades y se convierte en un difícil problema escolar.
La tolerancia es la condición esencial mínima de las relaciones sociales que permite suprimir la violencia. Sin tolerancia, la paz no es posible. Con tolerancia, es posible hacer realidad numerosas posibilidades humanas y sociales, y en particular desarrollar la convivencia pacífica.
La intolerancia es un síntoma que puede conducir a la peligrosa enfermedad social de la violencia, a la que debemos responder en forma eficaz ante los primeros síntomas. Los encargados de formular políticas, los educadores y todos los ciudadanos debemos ser capaces de reconocer esos síntomas o los indicadores de la intolerancia para tomar las medidas adecuadas.

Los síntomas de intolerancia y sus indicadores

Los indicadores o síntomas de intolerancia pueden servir como instrumentos de evaluación y como base para la enseñanza sobre la intolerancia y pueden darse uno, varios, e incluso todos al mismo tiempo. Si se manifiesta sólo uno, debe ser tomado como una advertencia de otros síntomas presentes o futuros. Si estos síntomas son percibidos en una comunidad, existen probablemente también en las escuelas.
Los síntomas que reproducimos a continuación, han sido extraídos del muy claro documento *La tolerancia: umbral para la paz* (UNESCO, 1994).

- **Manera de hablar.** Denigrar y utilizar un lenguaje despectivo o exclusivista que desvaloriza, degrada y deshumaniza a grupos culturales, raciales, nacionales o sexuales. Negar el derecho a usar una lengua.
- **Tipificación mediante estereotipos.** Describir a todos los miembros de un grupo caracterizándolos con los mismos atributos, generalmente negativos.
- **Burlas.** Poner de relieve determinados comportamientos, atributos y características de personas para ridiculizarlos, o como insulto.

- **Prejuicios.** Juzgar fundándose en generalizaciones y estereotipos negativos, y no en hechos reales o en comportamientos específicos de un individuo o grupo.
- **Acusación a víctimas propiciatorias.** Culpar de acontecimientos traumáticos o problemas sociales a determinado grupo.
- **Discriminación.** Privar de beneficios y excluir de actividades sociales fundándose principalmente en prejuicios.
- **Ostracismo.** Comportarse como si el otro no estuviera presente o no existiera. Negarse a hablar o a reconocer a otros o a sus culturas (llegando incluso al etnocidio).
- **Hostigamiento.** Comportarse deliberadamente con objeto de intimidar y degradar a otros, frecuentemente con la intención de excluirlos de la comunidad, organización o grupo.
- **Profanación y degradación.** Deteriorar símbolos o estructuras religiosos o culturales para desvalorizar y ridiculizar las creencias e identidades de aquellos para quienes esas estructuras y símbolos son significativos.
- **Intimidación.** Valerse de una capacidad física superior o del hecho de ser más numerosos para humillar a otros o privarles de sus bienes o de su situación.
- **Expulsión.** Expulsar o denegar oficialmente o por la fuerza el derecho a acceder o permanecer en un lugar, grupo social, profesión, o lugar en que haya actividades del grupo, particularmente cuando de ello depende la supervivencia (el lugar de trabajos, la vivienda, etc.).
- **Exclusión.** Denegar la posibilidad de satisfacer necesidades básicas y/o de participar plenamente en la sociedad o en determinadas actividades comunales.
- **Segregación.** Imponer la separación de personas de distinta raza, religión o sexo, generalmente en perjuicio de un grupo.
- **Represión.** Impedir por la fuerza el disfrute de los derechos humanos.
- **Destrucción.** Practicar el confinamiento, los malos tratos, la expulsión fuera del área en que se obtiene la subsistencia, los ataques armados y los asesinatos (hasta el extremo del genocidio).

La tolerancia en el Proyecto Educativo Institucional (PEI)

La escuela debe ser un núcleo de desarrollo de la comunidad y de educación para la tolerancia; un lugar en el que la tolerancia no sólo se enseñe sino también se practique.

Los educadores tendrán que enfrentarse a muchos problemas, entre los que cuentan no sólo las situaciones de intolerancia, sino también las diferentes concepciones y percepciones de la tolerancia que pueden opacar su significado, y las situaciones sociales que vivimos diariamente, que hacen que la tolerancia parezca una meta casi inalcanzable.

La tolerancia, como todos los demás aspectos de la educación para la paz, puede y debe llevarse a la escuela básicamente mediante dos modalidades:

- la enseñanza explícita, orientada a alcanzar las expectativas de logro propuestas;
- la familiarización con los grandes principios, la ética y el ejercicio de la tolerancia a lo largo de toda la vida escolar.

Todos los espacios curriculares y actividades se convierten en oportunidades de comunicar a los alumnos los conceptos, valores y conductas que aporta la tolerancia a la propia familia, a la comunidad educativa y a la sociedad.

- **Análisis crítico.** Es preciso fomentar en los alumnos el análisis crítico y la reflexión sobre las situaciones intolerantes que descubren en su entorno.
- **Diálogo y debate.** La verdad no se impone nunca con la fuerza. El diálogo y el debate ayudan al entendimiento entre las personas, a la convivencia dialéctica, al cambio de los esquemas, a la solución de situaciones conflictivas.
- **Modelos.** Los niños y jóvenes necesitan ídolos, modelos a los que admirar e imitar. Los educadores deben presentarles ídolos de tolerancia: Ghandi, Luther King, Teresa de Calcuta y otros más cercanos a su entorno.
- **Ambiente.** El ambiente de la escuela tiene que invitar a la tolerancia. Las campañas, las actividades, la decoración de clases y pasillos, las relaciones interpersonales, el estilo de los docentes, todo debe ser una invitación a vivir la tolerancia.

- **Convivencia.** Para aprender a ser tolerante es muy importante convivir con personas diferentes de uno mismo. La escuela ofrece, a veces, grandes posibilidades: discapacitados, niños de otras regiones, naciones, razas, religiones, etc.
- **Conocer otros ambientes.** El conocimiento lleva al entendimiento de las personas y produce ordinariamente actitudes de tolerancia. Conviene aprovechar todas las oportunidades que ofrece la escuela (viajes culturales, intercambios escolares, vacaciones) de la vida y otras culturas.

EDUCACIÓN PARA LA PAZ

Todos deseamos y defendemos la paz. Nadie se manifiesta abiertamente en contra de ella, a pesar de que podemos ver que no es precisamente un valor que guíe la convivencia diaria, tanto a nivel de relaciones personales como entre los grupos sociales y los estados. Esta contradicción entre el valor y la realidad se debe en ciertos casos al uso interesado que se hace del concepto, pero en muchas ocasiones se trata más bien de una polisemia de la palabra que permite que, al entender las personas o los grupos sociales por paz realidades y aspiraciones muy diferentes e incluso contradictorias, se utilice el mismo término para designarlas.

Existe un concepto negativo de paz, que hace referencia a la ausencia de guerras, de violencia, de conflictos y a la paralización producida por el miedo. También hay un concepto positivo que va unido al concepto de justicia, de solidaridad, de libertad y de verdad. Aquí se entiende por paz una realidad armónica del ser humano consigo mismo, con los demás y con la naturaleza. Este concepto no incluye ni ausencia de guerra ni ausencia de violencia estructural.

En el primero, la educación informa sobre la guerra o ilustra sobre el desarrollo de los conflictos y sus soluciones. En el segundo se compromete, porque reconoce el valor primordial de la persona. Desde aquí tiene más sentido **educar en y para la paz**. Es en este proceso que educar para la paz forma parte de una propuesta de educación en valores que lleve al bien, a la verdad y al compromiso social.

Características de la "paz positiva"

- *La paz es un proceso dinámico y permanente; no es una referencia estática e inmóvil.*
- *La paz hace referencia a una estructura social de amplia justicia y reducida violencia.*
- *La paz exige, en consecuencia, la igualdad y reciprocidad en las relaciones e interacciones.*
- *Afecta, por consiguiente, todas las dimensiones de la vida. No se reduce únicamente a la policía internacional o de estado.*
- *La paz implica y hace referencia a dos conceptos íntimamente ligados entre sí: el desarrollo y los derechos humanos.*

(Educación para la paz, Jares, X. M.E.C.1992)

La escuela enseña el valor de la paz

La humanidad entra en el un nuevo milenio con heridas aún abiertas por fuertes conflictos. Ante esto, al comenzar del siglo XXI nos preguntamos: ¿es posible la paz? o ¿es una utopía inalcanzable con la que todavía soñamos? Es evidente que esta paz que todos deseamos exige trabajar en la mayoría de los aspectos que hemos ido presentando a lo largo de los distintos capítulos y, que esa tarea empieza en nuestro propio corazón.

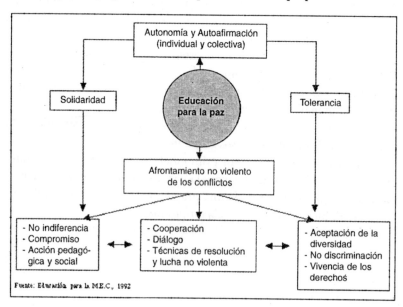

Fuente: Educación para la M.E.C., 1992

La familia y la escuela deben preparar personas para responder a los conflictos y a las semillas de conflicto por motivos religiosos, étnicos, económicos, culturales, de manera rápida y coherente, basándose en el conocimiento y en el respeto de la persona. La libertad, la cultura, el diálogo y el encuentro solidario de todos los seres humanos puede y debe promover, en cada niño y en cada joven, el deseo y la necesidad de respetar la vida y la dignidad de quienes lo rodean.

La escuela, llamada a enseñar, a pensar y a contrastar críticamente las distintas cosmovisiones, tiene un desafío en la educación para la paz. Debe enseñar a cada alumno a vivir en paz consigo mismo y con los que lo rodean, a promover la capacidad de mirar con ojos nuevos al otro, a mostrar que el bien común está por encima del beneficio personal.

Construyamos la convivencia pacífica

El mundo necesita convertirse a la paz, porque nada se pierde con la paz y todo puede perderse con la intolerancia, el rencor, la envidia... La posibilidad de paz es mayor si la humanidad redescubre su vocación originaria a ser una familia, en la que estén reconocidos los derechos de todos.

Promovamos la necesidad de aceptar el desafío de desaprender la violencia y construir la paz íntimamente, para que se refleje luego al exterior al fundarse un camino de cooperación, cercanía, diálogo, comprensión con los demás. Hagamos del lugar en el que nos encontramos un espacio para recibir al otro como hermano.

Concluimos este trabajo haciendo nuestras las palabras de Juan Pablo II en su mensaje del 1° de enero de 2001 al celebrarse la Jornada Mundial de la Paz: "Diálogo entre las culturas para una civilización del amor y la paz". Si bien estaban dirigidas a los jóvenes, queremos hacerlas extensivas, a ustedes docentes, padres y alumnos que ... *de cualquier lengua y cultura, os espera una tarea ardua y apasionante: ser hombres y mujeres capaces de solidaridad, de paz y de amor a la vida, en el respeto de todos. ¡Sed artífices de una nueva humanidad, donde hermanos y hermanas, miembros todos de una misma familia, puedan vivir finalmente en la paz!*

Bibliografía general

AGENDA SOCIAL DEL PANORAMA SOCIAL EN AMÉRICA LATINA, 1998.

ARANGUREN GONZALO, L. A): Educar en la reivención de la solidaridad, Cuadernos Bakeaz, núm 22, Bakeaz, Bilbao,1997.

ARRIAGA, Irma y GODOY, Lorena. "Seguridad ciudadana y violencia en América Latina", CEPAL 1999.

ARONSON, Elliot. *El animal social. Introducción a la Psicología Social,* Alianza Universidad. Madrid, España, 1995.

AVILÉS MARTÍNEZ, José María. Intimidación y maltrato entre el alumnado. Stee-Eilas, 2002.

DÍAZ ATIENZA, Joaquín. "La violencia escolar: diagnóstico y prevención". Rev. Psiquiatría y Psicología del Niño y del Adolescente, 2001.

BID 1999, Violencia en América Latina y el Caribe: un marco de referencia para la acción.

BRICEÑO-LEÓN, Roberto. "La nueva violencia urbana de América Latina", CLACSO 2001.

BURNLEY, J. (1993) Conflicto, Ed. Morata, Madrid.

CABALLO, V. E.. Manual de evaluación y entrenamiento de las habilidades sociales. Madrid. Siglo Veintiuno, 1993.

CASAMAYOR, G. (coord.), (1998) "Cómo dar respuesta a los conflictos. La disciplina en la enseñanza secundaria", Ed. Grao, Colección Biblioteca de Aula, Barcelona.

CASCÓN SORIANO, Paco. "Educar en y para el conflicto". Universidad Autónoma de Barcelona.

CASTRO, Alejandro. "Por una pedagogía de las actitudes", Revista Dinámica Educativa, Mendoza, Argentina, 2002.

CASTRO, Alejandro. "Desaprender la violencia" Revista Dinámica Educativa, Mendoza, Argentina, 2003.

CHÁVEZ, Pascual. "Hagamos de cada familia y de cada comunidad, Casa y Escuela de Comunión". Aguinaldo 2003.

COVARRUBIAS, Guillermo. "Violencia escolar", Contexto educativo. Rev. Electrónica, 2000.

CURWIN, R.L.; MENDLER, A.N. (1987) La disciplina en clase. Organización del centro y del aula, Ed. Narcea, Madrid.

DEL BRUTO, Bibiana Apolonia. "Globalización, cultura, lenguajes y violencia", 2000.

DÍAZ-AGUADO, M. J. (Dir.) "Educación y desarrollo de la tolerancia". Madrid. Ministerio de Educación y Ciencia, 1992.

DÍAZ-AGUADO, María José. "Convivencia escolar y Prevención de la violencia". CNICE, 2002.

DÍAZ-AGUADO, M. J. (Dir.) "Programas de educación para la tolerancia y prevención de la violencia en los jóvenes". Madrid: Instituto de la Juventud, Ministerio de Trabajo y Asuntos Sociales, 1996.

DEFENSOR DEL PUEBLO (2000), Violencia escolar: el maltrato entre iguales en la Educación Secundaria Obligatoria. Madrid: Publicaciones del Defensor del Pueblo.

EL MANIFIESTO DE SEVILLA SOBRE LA VIOLENCIA, "Preparar el terreno para la construcción de la paz", UNESCO 1992.

DOMINGUEZ, T. y otros (1996) Comportamientos no violentos. Propuestas interdisciplinares para construir la paz, Ed. Narcea, Madrid.

EL MANIFIESTO DE SEVILLA SOBRE LA VIOLENCIA, Preparar el terreno para la construcción de la paz, UNESCO 1992.

ENCICLOPEDIA IBEROAMERICANA DE PSIQUIATRÍA - Tomo I, página 24. Vidal, Alarcón, Lolas. Editorial Médica Panamericana S.A. Buenos Aires. 1995.

EREZO, F. (coord.), (1998) Conductas agresivas en la edad escolar, Ed. Pirámide, Madrid.

FEDESARROLLO 1996, Salud: análisis epidemiológico de la violencia.

FERNÁNDEZ, I. (1998) "Prevención de la violencia y resolución de conflictos. El clima escolar como factor de calidad". Ed. Narcea, Madrid.

FERNÁNDEZ, I. y otros (1991) "Violencia en la escuela y en el entorno social. Una aproximación didáctica". Ed. CEP de Villaverde, Madrid.

FISAS, V. "Cultura de paz y gestión de conflictos". Barcelona: Icaria Editorial UNESCO, 1998.

FOLLARI, R., "Educación y medios en la sociedad posmoderna", Diario Los Andes, 05-05-02.

FONTANA, David. "La disciplina en el aula". Santillana, 2° reimp. 1997.

FREEDMAN, Judy S. "Manejando las burlas: Cómo los padres pueden ayudar a sus hijos". ERIC Digests, 2000.

GALTUNG, Johan. Tras la violencia, 3R: reconstrucción, reconciliación, resolución. Afrontando los efectos visibles e invisibles de la guerra y la violencia, 1998.

GRAY, John. "Los niños vienen del cielo", Plaza & Janes, 2001.

GUERRERO, Rodrigo. "Violencia en las Américas, una amenaza a la integración social " (CEPAL, 1998).

GUERRERO, Rodrigo. "Control de la violencia a través de los factores de riesgo" Fundación Carvajal. Colombia, 1998.

GUERRERO R., GONZÁLEZ, CL., MEDINA, E. "Epidemiología" Bogotá, Caracas. Fondo Educativo Interamericano S.A., 1981.

GUZMÁN A. Observaciones sobre violencia urbana y seguridad ciudadana, 1994.

IIPE – BUENOS AIRES. Violencia en ámbitos educativos. INFORME DEL DEFENSOR DEL PUEBLO SOBRE VIOLENCIA ESCOLAR. Madrid, 1999.

INFORME MUNDIAL SOBRE LA VIOLENCIA Y LA SALUD – Sinopsis. OMS 2002.

ISAACS, David. "La educación en las virtudes humanas", Eunsa, Pamplona 1996.

JUAN PABLO II. Mensaje para la celebración de la Jornada Mundial de la Paz, 2000. "Paz en la tierra a los hombres que Dios ama". Vaticano, Librería Editrice Vaticana, 1999.

JUAN PABLO II. Mensaje para la celebración de la Jornada Mundial de la Paz, 2001 "Diálogo entre las culturas para una civilización del amor y la paz".

JUNTA DE ANDALUCÍA. "Educar para la convivencia", Consejería de Educación y Ciencia, 1999.

LARRAÍN, Soledad. "Violencia familiar y la transmisión de pautas de comportamiento social", Banco Interamericano de Desarrollo, 1996. Washington, D.C.

LARRAÍN, Soledad, Jeannete VEGA y Iris DELGADO. "Relaciones familiares y maltrato infantil". Santiago de Chile: UNICEF 1997.

LESTINGI, P., AGÜERO, P. La Prevención de la violencia en la Legislatura de Buenos Aires.

LLEÓ FERNÁNDEZ, Rocío. La Violencia en los Colegios. Una revisión bibliográfica.

LITKE, Robert. "Violencia y Poder" UNESCO, Revista internacional de Ciencias Sociales N° 132, 1992.

MATURANA, Humberto, "Biología y violencia", Santiago de Chile. Dolmen Ediciones 1997.

MONJAS, Inés y colaboradoras. "Las habilidades sociales en el currículum", Centro de investigación y documentación educativa. España, 2000.

MYRNOS, Patrice. "Saber castigar". Mensajero, Bilbao 1972.

OLWEUS, D. "Conductas de acoso y amenaza entre escolares". Madrid: Morata,1998.

ORGANIZACIÓN PANAMERICANA DE LA SALUD (1996) "La violencia en las Américas: la pandemia social del siglo XX".

ORGANIZACIÓN PANAMERICANA DE LA SALUD (2001) "Plan de Acción de Prevención de violencia 2001-2005.

ORTEGA, Rosario. "El Proyecto Sevilla Anti-violencia escolar, un modelo de intervención preventiva contra los malos tratos entre iguales", Revista de Educación, 1997.

ORTEGA RUIZ, Rosario y colaboradores. "La Convivencia Escolar: qué es y cómo abordarla". Consejería de Educación y Ciencia. Junta de Andalucía.

OPS, BID, CDC, OEA, UNESCO 2000, Declaración de la Coalición Internacional para la prevención de la violencia. Nuevo esfuerzo contra la violencia, Boletín OPS 2000.

ROCHE, Roberto. "Psicología y educación para la prosociedad". Bs. As., Ciudad Nueva, 1998.

ROJAS, Enrique. "La conquista de la voluntad". Ediciones Temas de hoy. Madrid, 1994.

PANORAMA SOCIAL DE AMÉRICA LATINA. edición 1998, CEPAL 1999.

PORRO, B. "La resolución de conflictos en el aula". Paidós, Buenos Aires, 1999.

PREALC, 1989 (N° 335) "Mercado de trabajo y violencia".

SANMARTIN, J., La violencia y sus claves, Ed. Ariel. Barcelona, 2000.

SEMINARIO DE EDUCACIÓN PARA LA PAZ (SEDUPAZ-APDH) "La Alternativa del Juego II" Ed. Los Libros de la Catarata, Madrid, 1995.

SLAVIN, R. Aprendizaje cooperativo. Nueva York, Logman 1983.

TRIANES, María Victoria y FERNÁNDEZ-FIGARÉS, Carmen. "Aprender a ser personas y a convivir". Descleé de Brouwer, 2001.

TRIANES, M. "Educación y competencia social: Un programa en el aula". Málaga. Aljibe 1996.

TORREGO. Mediación de conflictos en instituciones educativas. Narcea, 2000.

TOSCA HERNÁNDEZ. Des-cubriendo la violencia. CLACSO 2001.

TOURAINE, Alain. ¿Podremos vivir juntos? Madrid: Editorial PPC, 1997.

TUVILLA RAYO, J. (comp.). "La escuela: Instrumento de Paz y Solidaridad", Ed. MECP, Colección Cuadernos de cooperación educativa, Sevilla. 1994.

UNESCO. "La tolerancia: umbral para la paz", 1994.

UNICEF. Relaciones familiares y maltrato infantil. 1997.

Índice

Otros títulos de la
Colección Pedagogía

Castro Santander, Alejandro, *Analfabetismo emocional*
Labaké, Julio César, *El problema actual de la educación*
Labaké, Julio César, *El sentido y los valores*
Labaké, Julio César, *La participación de los padres en la escuela*
Labaké, Julio César, *Valores y límites en la educación*
Müller, Marina, *Aprender para ser*
Müller, Marina, *Descubrir el camino*
Müller, Marina, *Docentes tutores*
Müller, Marina y Brites, Gladys, *Prevenir la violencia*
López Bonelli, Ángela, *La orientación vocacional como proceso*
Onetto, Fernando, *¿Con los valores quién se anima?*
Moschen, Juan Carlos, *Innovación educativa*
Yaria, Juan Alberto *Drogas: escuela, familia y prevención*
Alonso, Juan y Benito, Yolanda, *Alumnos superdotados*
Vila, Leonor y Holovatuck, Jorge, *Guía creativa para actos escolares*

Títulos de la
Colección Didáctica

Luchetti, María Elena, *Articulación*
Luchetti, María Elena, *Didáctica de la Lengua*
Palópoli, Maria del Carmen, *Didáctica de las Artes Plásticas*
Mingrone de Camarota, Patricia, *Metodología del estudio eficaz*
Frega, Ana Lucía, *Didáctica de la música*
Risueño, Alicia y Motta, Iris, *Trastornos específicos del aprendizaje*
Caldarola, Gabriel Carlos, *Didáctica de las Ciencias Sociales*
Tricárico, Roberto Hugo, *Didáctica de las Ciencias Naturales*

Este libro se terminó de imprimir en ICEPRINT

en el mes de julio de 2005,